그림으로 필수 단어부터 구동사까지 **줄줄이** 한 번에 정리

왈왈의   한 권으로 끝내는

영어회화
영단어
도감

KB220746

시작하며

영어 공부를 시작하고 싶지만,

- ● 어디서부터 어떻게 시작해야 할지 막막하다
- ● 외우는 걸 너무 싫어한다
- ● 시험 점수는 나쁘지 않은데 막상 영어는 잘 못 하겠다

혹시 이런 고민을 하고 있진 않으신가요?

저 역시 그랬습니다. 20대 후반, 영어를 다시 공부하기로 결심했을 때는 학창 시절 배웠던 단어도 문법도 거의 기억나지 않았습니다. 그래서 처음에는 방법도 모르고 이것저것 무작정 시도해봤습니다. 하지만 포기하지 않고 차근차근 실력을 쌓아가다 보니, 나중에는 해외에서 사내 통역을 맡기도 하고, 전문 기술 번역을 할 정도가 되었죠.

영어 실력이 늘어나면 단순히 접근할 수 있는 정보의 폭이 넓어지는 것을 넘어서, 취업, 이직, 심지어 거주지 선택의 자유까지 생깁니다. 저 또한 영어 덕분에 해외 근무 기회를 얻었고, 연봉도 크게 올릴 수 있었습니다.

이 책은 영어를 잘하지 못했던 제가 다시 공부를 시작하며 직접 효과를 느낀 암기법을 정리한 책입니다. 암기를 어려워하는 분들을 위해, 단어를 시각적으로 연결하고 그림으로 기억할 수 있도록 구성했습니다. 빈출 영단어는 도표로 정리해, 한눈에 많은 영어 표현을 익힐 수 있도록 했습니다.

영어에 막막함을 느끼고 있다면, 예전의 저처럼 어디서부터 시작해야 할지 고민된다면, 이 책이 그 길을 찾는 데 도움이 될 수 있을 것이라 생각합니다.

왈왈

CONTENTS

1장 어원편

1 – 1 영단어 앞에 붙는 어원(접두사)

1 – 2 영단어의 중심이 되는 어원(어근)

1 − 3　부정을 나타내는 접두사

1 − 4　한꺼번에 기억하는 방향을 나타내는 접두사

1 − 5　영단어 뒤에 붙는 어원(접미사)

2장　전치사 · 부사편

2 − 1　장소의 이미지를 가진 전치사 · 부사

2 − 2　위아래의 이미지를 가진 전치사 · 부사

2 − 3 통행의 이미지를 가진 전치사 · 부사

2 − 4 연관된 이미지를 가진 전치사 · 부사

2 − 5 방향의 이미지를 가진 전치사 · 부사

왈왈! Point lesson ❶

왈왈! Point lesson ❷

mini column

3장 동사편

6

4장 조동사편

5장 어휘편

≒는 유의어,
⇔는 반의어,
/는 또는(or)을
나타내는
기호입니다.

이 책은 영어회화에
꼭 필요한 표현뿐만 아니라,
어원 학습법을 활용한 고급 어휘와
자주 쓰이는 전치사·동사를 기반으로한
다양한 표현까지
줄줄이 한꺼번에 익힐 수 있도록
구성되어 있습니다.

1장

어원편

제가 직접 시도해 본 암기법 중에서
가장 효과가 있었던 방법은 영단어를
'구조'에 따라 정리하고 관련지어 기억하는
방식입니다. 이를 위해서는 어근과 같은
구성 요소에 대한 이해가 필요합니다.
영단어의 구조를 어원으로 파악하면,
연쇄적으로 줄줄이 단어들을
기억할 수 있습니다.

'어원 × 이미지 × 조합'으로 펼쳐지는 영단어 암기법

사람의 이름을 기억할 때, 그 사람의 특징이나 인상도 함께 떠올리는 경우가 많습니다. 영단어를 외울 때도 마찬가지입니다. 단순히 철자만 외우기보다는 단어를 구성하는 의미나 이미지를 함께 기억하는 것이 훨씬 효과적입니다.

● 영단어 만들기

대부분의 영단어는 그 구조를 세 부분으로 나눌 수 있습니다. 단어 앞에 붙어 의미를 확장하는 접두사, 단어의 중심이 되는 어근, 그리고 단어의 끝에 붙어 품사나 기능을 결정하는 접미사입니다. 이 세 가지 구성 요소를 통틀어 어원이라고 합니다.

● 어원을 이용해 어휘력을 키우자!

우선 오른쪽 페이지에서는 대표적인 접두사 15개를 이미지와 함께 소개합니다. 이어지는 12페이지부터는 자주 쓰이는 어근을 하나씩 펼쳐 설명합니다. 앞에서 익힌 접두사와 어근을 조합하면서 단어의 의미를 유추하고, 연상 이미지와 함께 기억해 봅시다.

각 단어에는 파생어, 동의어, 반의어도 함께 수록되어 있어 단어 간 관계를 함께 익힐 수 있습니다. 마지막으로 접미사 목록(77~87쪽 참고)을 통해 단어가 어떻게 품사나 의미를 확장하는지 확인해 보세요.

이렇게 접두사, 어근, 접미사를 이미지와 함께 세트로 정리하면 영단어를 훨씬 쉽고 체계적으로 익힐 수 있습니다. '정말 효과가 있을까?'라고 생각되신다면, 한 장만 넘겨 보세요. 단어 암기가 훨씬 수월해지는 경험을 하실 수 있을 것입니다.

● 대표적인 접두사 15개 이미지

in,im,en,em
안으로, 안에

ex,e
밖으로

sub,sus,sup,suc
아래, 아래에, 아래에서

ad,at,ap,as 등
~쪽으로

ob,oc,of,op
~쪽으로, ~에 반하여

per
통해서, 완전히, 철저하게

pro,pre
앞으로, 앞에, 미리

re
뒤로, 다시, 아래로, 반대로

inter
사이에

de
아래로, 떨어져, 반전

dis,di,ab,se
떨어져

con,co,com
함께, 완전히, 강조

trans
가로질러

sur,super
위에

contra,counter
반대로

spect 보다

spect는 look at(보다)를 의미하는 어원이다. 예를 들어, inspect는 '조사하다', respect는 '존경하다'라는 뜻이 된다.

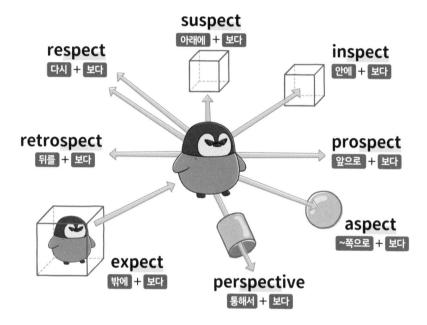

suspect
아래에 + 보다

respect
다시 + 보다

inspect
안에 + 보다

retrospect
뒤를 + 보다

prospect
앞으로 + 보다

aspect
~쪽으로 + 보다

expect
밖에 + 보다

perspective
통해서 + 보다

---

inspect [inspékt]
안에 보다

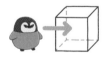

타동 ~을 검사하다, 시찰하다

The mechanic inspected the engine.
정비사가 엔진을 점검했다.

* inspector 명 검사관
  사람, 사물
* inspection 명 조사, 검사
  명사화

---

expect [ekspékt]
밖에 보다

타동 ~을 기대하다, 예상하다

My boss expects me to work on Saturdays.
나의 상사는 내가 토요일에 일하기를 기대한다.

* expectation 명 기대, 예상
  명사화
* expectable 형 기대할 수 있는
  ~할 수 있는

suspect [몡sʌ́spekt 통səspékt]
아래에 보다

몡용의자
타동~을 의심하다

I suspect my partner is cheating on me.
나는 내 파트너가 나를 속이고 있다고 의심한다.

🐾 suspicious 혱의심스러운
  ~을 가진

---

aspect [ǽspekt]
~쪽으로 보다

몡모습, 외관, 측면

The internet affects every aspect of life.
인터넷은 삶의 모든 측면에 영향을 미친다.

😊 화면이나 이미지의 가로와 세로 비율을 영어로 aspect ratio
   라고 한다.

---

perspective [pərspéktiv]
통해서 보는 것

몡시점, 시각, 원근

From my perspective, he was wrong.
내 관점에서 그는 잘못했다.

🐾 ≒point of view 시점, 관점
🐾 ≒standpoint 몡입장, 견해

---

prospect [prɑ́:spèkt]
앞으로 보다

몡전망, 가능성

There is a good prospect that my grandfather will get well.
할아버지께서 회복하실 가능성이 크다.

🐾 prospective 혱장래의
  ~하는 성향의. 성격을 가진
😊 -ive는 보통 형용사로 쓰이지만, 때로는 명사화되어 어떤 특성을
   지닌 사람이나 사물로 변환될 수 있다.

---

retrospect [rétrəspèkt]
뒤를 보다

몡회고, 회상

In retrospect, we were lucky.
돌이켜보면, 우리는 운이 좋았다.

🐾 retrospective 혱과거를 돌아보는
  ~하는 성향의. 성격을 가진
😊 레트로 감성의 '레트로'는 원래 영단어 retrospective에서
   비롯된 말이다.

---

respect [rispékt]
다시 보다

타동~을 존경하다 몡존경, 경의

You should respect your elders.
어른을 존경해야 한다.

🐾 respectable 혱존경할 만한
  ~할 수 있는
🐾 respectful 혱존중하는, 예의를 갖춘
  ~에 찬
🐾 respective 혱각각의
  ~하는 성향의. 성격을 가진
😊 respect는 '다시 + 보다'라는 의미에서 유래되었으며, 특정한
   '점'을 의미하게 되었다. respective는 그 점에 주목하여 '각각
   의', '각자의'라는 뜻을 가진다.

dict, dicate 🐾 말하다

dict는 say(말하다)를 의미하는 어원이다. 여기에 동사형 접미사 -ate를 붙이면 dictate가 되어 '말해서 받아쓰게 하다', '명령하다'라는 뜻이 된다.

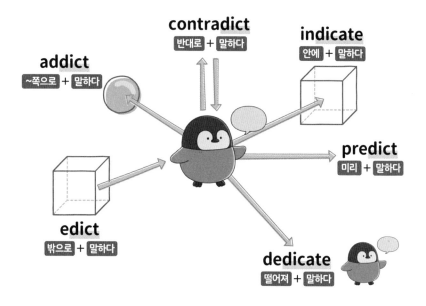

contradict
반대로 + 말하다

indicate
안에 + 말하다

addict
~쪽으로 + 말하다

predict
미리 + 말하다

edict
밖으로 + 말하다

dedicate
떨어져 + 말하다

---

edict [í:dikt]
밖으로 말하다

몡포고령, 명령, 칙령

The government issued an edict requiring people to stay home.
정부는 사람들이 집에 머물도록 요구하는 법령을 발표했다.

🐾 ≒decree 몡법령, 판결

---

indicate [índikèit]
안에 말하다

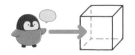

타동~라는 것을 보여주다

The data indicates that the economy is slowing.
데이터는 경제가 둔화되고 있음을 나타낸다.

🐾 indication 몡표지판, 표시
　　　　　　명사화
🐾 indicative 혱나타내는, 암시하는
　　　　　~하는 성향의, 성격을 가진
🐾 indicator 몡측정기, 계량기, 지침
　　　　　사람, 사물

contradict [kɑ̀ntrədíkt]
반대로 말하다

[타동]~와 모순되다

The minister contradicted himself in the interview.
장관은 인터뷰에서 자기모순적인 발언을 했다.

* contradiction [명]모순
  명사화
* contradictory [형]모순된

---

addict [ədíkt]
~쪽으로 말하다

[타동]~에 중독이 되다 [명]중독자

My father is addicted to drinking.
나의 아버지는 술을 마시는 것에 중독되어 있다.

* addicted to ~에 중독되어 있다
* addictive [형]중독성 있는, 중독되기 쉬운
  ~하는 성향의, 성격을 가진
* addiction [명]중독
  명사화

---

predict [pridíkt]
미리 말하다

[타동]~을 예측한다

This app predicts the weather.
이 앱은 날씨를 예측한다.

* prediction [명]예측, 예언
  명사화
* predictive [형]예측의
  ~하는 성향의, 성격을 가진
* unpredictable [형]예측할 수 없는
  부정   ~할 수 있는
* predictor [명]예언자
  사람, 사물

---

dedicate [dédikeit]
떨어져 말하다

[타동]~을 바치다, 헌신하다

I dedicate this song to my family.
나는 이 노래를 제 가족에게 바칩니다.

* dedication [명]바침, 기부, 헌납
  명사화
* dedicate는 '떨어져'와 '선언하다'는 의미의 어근에서 유래하며, 본래 '신에게 바치다', '헌신하다'는 뜻으로 쓰였다.

알알 메모

◎ ver(진실)을 dict에 결합하면 verdict(평결)이 된다.
  ver는 자주 등장하는 어원은 아니지만, 함께 외워 두면 도움이 된다.
  · verify(-fy ~화하다, 87페이지 참조: [타동]) 입증하다
  · verification(-tion 명사화, 81페이지 참조: [명]) 입증
◎ dict에 동사화 접미사 -ate(~하다)를 붙이면 dictate(구술하여 받아쓰게 하다, 명령하다)가 되며, 여기에 -or(사람)이 더해지면 dictator(독재자)가 된다.

scribe, script 🐾 쓰다

scribe와 script는 write(적다)를 의미하는 어원이다. script는 단독으로 사용될 때 '대본'이라는 뜻이 된다.

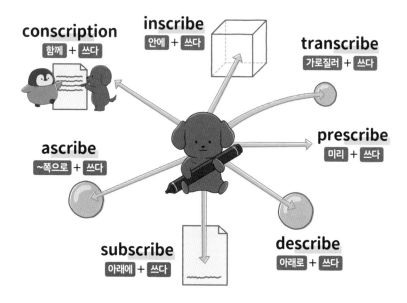

conscription
함께 + 쓰다

inscribe
안에 + 쓰다

transcribe
가로질러 + 쓰다

ascribe
~쪽으로 + 쓰다

prescribe
미리 + 쓰다

subscribe
아래에 + 쓰다

describe
아래로 + 쓰다

---

inscribe [inskráib]
안에 쓰다

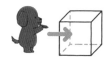

타동 ~을 기록하다, 새기다

Inscribing your name on the school walls is not a good idea. You will get caught.
학교 벽에 너의 이름을 새기는 것은 좋은 생각이 아니야. 너는 잡힐 거야.

🐾 inscription 명 (책이나 선물 등에 쓰인) 헌사, 글귀
　　명사화

---

transcribe [trænskráib]
가로질러 쓰다

타동 ~을 다시 쓰다, 기록하다

I hope you can transcribe this paragraph; it is important for us to preserve it.
이 단락을 필사해 주길 바랍니다. 우리가 이를 보존하는 것이 중요하기 때문입니다.

🐾 transcription 명 필사, 필기, 녹취록
　　명사화

16

subscribe [səbskráib]
아래에 쓰다

[타동] ~에 서명하다
[자동] (정기 서비스) 신청하다

No, I would not want to subscribe to a daily e-mail from the supermarket. Thank you.
아니요, 슈퍼마켓에서 오는 일일 이메일을 구독하고 싶지 않습니다. 감사합니다.

🐾 subscription [명] 정기 구독, 가입 신청
　　　　　　 명사화
🐾 subscriber [명] 구독자, 가입자
　　　　　　 사람, 사물

ascribe [əskráib]
~쪽으로 쓰다

[타동] (~의 원인을) 때문이라고 여기다

The doctor ascribed her symptoms to a flu.
의사는 그녀의 증상을 독감 때문이라고 보았다.

🐾 ascribe A to B A의 원인이 B에 있다고 생각하다

conscription [kənskrípʃən]
함께 쓰다

[명] 징병, 징집

Having to visit my parents during Chuseok feels like conscription.
추석에 부모님을 방문하는 것이 마치 징집처럼 느껴진다.

🐾 conscript [타동] ~를 징집하다 [형] 징집된

prescribe [priskráib]
미리 쓰다

[타동] [자동] (~을) 처방하다, 지시하다

The doctor prescribed him a daily dose of Panadol to relieve his headache.
의사는 그의 두통을 완화하기 위해 하루에 한 번 판알돌을 처방했다.

🐾 prescription [명] 규정, 처방전
　　　　　　 명사화

describe [diskráib]
아래로 쓰다

[타동] (말로, 글로) 설명하다, 기술하다

Please describe the events that unfolded yesterday for us, Madam Sweeney.
어제 일어난 사건들에 대해 설명해 주세요, 스위니 여사.

🐾 description [명] 기술, 설명
　　　　　　 명사화

알알 메모 ✏️

◎ manu는 '손'이라는 뜻의 어원이며, manuscript는 손으로 쓴 '원고, 손으로 쓴 것'이라는 의미이다.

◎ circum은 '주위'를 뜻하는 어원이며, circumscribe는 '둘레에 경계를 긋다'는 의미가 된다.

sist 🐾 서다

sist는 stand(서다)를 의미하는 어원이며, st와 같은 어원을 공유한다. stable은 [st(서다) +able(~할 수 있는)]로 '안정된'이라는 뜻이 된다.

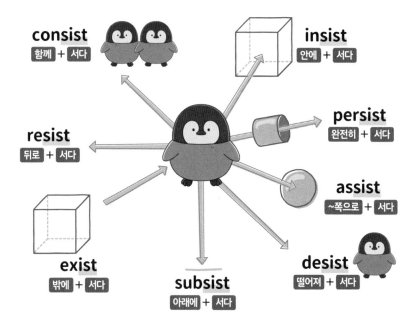

consist
함께 + 서다

insist
안에 + 서다

persist
완전히 + 서다

resist
뒤로 + 서다

assist
~쪽으로 + 서다

exist
밖에 + 서다

subsist
아래에 + 서다

desist
떨어져 + 서다

---

insist [insíst] 안에 서다 타동 자동 (~을) 주장하다, 요구하다	A: This is my treat. You paid last time. B: If you insist. A: 이번에는 내가 낼게. 지난번에 네가 냈잖아. B: 굳이 그렇게 말한다면, 고마워. --- 🐾 insistence 명 주장 　　명사화
exist [igzíst] 밖에 서다 자동 존재하다, 살아남다	Does God exist? 신은 존재하는가? --- 🐾 existence 명 존재 　　명사화 🐾 existent 형 실존하는, 현존하는 　　사람, 사물 / 형용사화

subsist [səbsíst]
아래에 서다

자동 살아가다, 생계를 유지하다

Most of the islanders subsist on fishing.
대부분의 섬 주민들은 어업으로 생계를 유지한다.

* subsistence 명 최소한의 생활, 생존
  명사화

assist [əsíst]
~쪽으로 서다

타동 자동 (~을) 도와주다 명 도움

Robots assisted COVID-19 patients in Italy.
로봇들이 이탈리아에서 COVID-19 환자들을 도왔다.

* assistance 명 지원, 도움
  명사화
* assistant 명 도움을 주는 사람, 어시스턴트
  사람. 사물 / 형용사화

consist [kənsíst]
함께 서다

자동 구성되다

My son's class consists of 40 students.
내 아들의 반은 40명의 학생들로 구성되어 있다.

* consistency 명 일관성
  성질. 상태

persist [pərsíst]
완전히 서다

자동 주장하다

She persisted in her opinion.
그녀는 자신의 의견을 고집했다.

* persistency 명 고집
  성질. 상태
* persistent 형 지속적
  사람. 사물 / 형용사화
* 😊 -ent, -ant는 사람을 나타내는 것 외에도, 형용사화하는 기능을 하는 접미사로 사용되기도 한다. (78페이지 참조)

desist [dizíst]
떨어져 서다

자동 그만두다, 포기하다

The lawyer sent a cease and desist letter to the company.
변호사는 그 회사에 중지 및 금지 서한을 보냈다.

* cease and desist letter (불법행위) 중지

resist [rizíst]
뒤로 서다

타동 ~에 저항하다, 참다, 견디다

I can't resist chocolate.
나는 초콜릿을 참을 수가 없다.

* resistance 명 저항, 방해
  명사화
* resister 명 저항하는 사람
  사람. 사물

알알 메모 ✏
sist(서다)가 어원인 동사들은 동작의 성질상 자동사로 쓰이는 경우가 많다.

ceed, cede, cess

🐾 가다, 양보하다

cede는 go(가다), yield(양보하다)를 의미하는 어원이다. 접두사와 결합해 단어의 의미가 달라지며, concede는 [con(함께) + cede(양보하다)]로 '인정하다', '양보하다'는 뜻이 된다.

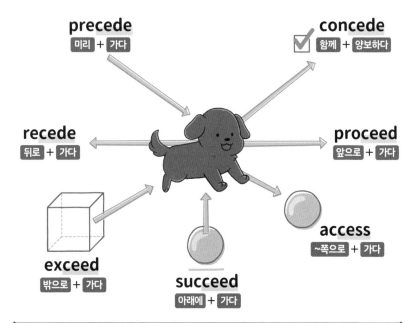

precede
미리 + 가다

concede ☑
함께 + 양보하다

recede
뒤로 + 가다

proceed
앞으로 + 가다

exceed
밖으로 + 가다

succeed
아래에 + 가다

access
~쪽으로 + 가다

---

exceed [iksíːd]
밖으로 가다

타동 ~을 넘어서다

Son exceeded his teammates' expectations after the training camp.
손은 훈련 캠프 이후 동료들의 기대를 뛰어넘었다.

🐾 excess 명초과
🐾 excessive 형과도한
　~하는 성향의. 성격을 가진

---

concede [kənsíːd]
함께 양보하다

자동 타동 (패배를) 인정한다, 양보하다

My friends are still debating since neither of them want to concede defeat.
내 친구들은 둘 다 패배를 인정하기를 원하지 않아서 여전히 논쟁 중이다.

🐾 concession 명양보
　명사화

succeed [səksíːd]
아래에 가다

자동 성공하다 타동 ~의 뒤를 잇다

If you fail to succeed on your first try, then try and try again.
첫 시도에서 성공하지 못하면, 다시 하고 또다시 도전해라.

* success 명 성취, 성공
* 아래에서 위로 올라가기 때문에 '성공'
* successive 형 연속적인
  ~하는 성향의, 성격을 가진

---

access [ǽkses]
~쪽으로 가다

명 접근, 접근권
타동 ~에 방문하다

Jason forgot to give an access pass to the new employee.
제이슨은 신입 직원에게 출입증을 주는 것을 잊었다.

* accessible 형 도달할 수 있는, 사용 가능한
  ~할 수 있는

---

precede [prisíːd]
미리 가다

타동 ~에 앞서다[선행하다]

Tom let his girlfriend precede into the room.
톰은 여자친구가 먼저 방에 들어가도록 했다.

* precedence 명 선행, 우위
  명사화
* precedent 명 선례, 판례 형 선행하는
  사람, 사물 / 형용사화
* unprecedented 형 전례 없는, 파격적인
  부정   과거형 / 형용사화

---

proceed [동 prəsíːd 명 próusiːd]
앞으로 가다

자동 앞으로 나아가다, 계속해서 가다

Let's pick up where we left off yesterday and proceed to the next topic.
어제 중단한 부분부터 다시 시작해서 다음 주제로 넘어가자.

* process 명 일련의 행위, 제조 과정
* procedure 명 절차, 방법
  명사화

---

recede [risíːd]
뒤로 가다

자동 후퇴하다, 약화하다

A senator was forced to recede from his position due to corruption.
상원 의원은 부패로 인해 자신의 자리에서 물러날 수밖에 없었다.

* recession 명 경기 침체, 후퇴
  명사화

알알 메모 🖋

ceed, cede, cess처럼 형태는 다양하지만, 하나의 어근으로 묶어서 함께 외워 두는 것이 좋다.

gress, grad 🐾 가다, 걷다

gress와 grad는 walk(걷다), step(단계)를 의미하는 어원이다. grade는 단계를 하나씩 올라가는 것을, graduate는 그 단계를 모두 마쳐 완성하는 과정을 뜻한다.

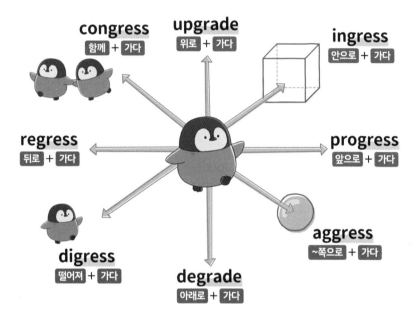

congress 함께 + 가다

upgrade 위로 + 가다

ingress 안으로 + 가다

regress 뒤로 + 가다

progress 앞으로 + 가다

aggress ~쪽으로 + 가다

digress 떨어져 + 가다

degrade 아래로 + 가다

---

ingress [ingres] 안으로 가다 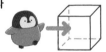 몡입장, 진입, 유입	The ingress of foreigners should be halted. 외국인의 유입은 중단되어야 한다. ✿ ingredient 몡재료 사람, 사물 / 형용사화
congress [káŋgrəs] 함께 가다 몡의회, 회의	The congress is discussing the new legislation brought upon by the senator. 의회는 상원의원이 제출한 새로운 법안을 논의 중이다. ✿ congressional 혱의회의 명사+al=형용사화

aggress [əgrés]
~쪽으로 가다

[자동] 공격을 가하다
[타동] ~을 공격하다

I would appreciate it if you don't aggress that animal.
그 동물에게 공격적으로 굴지 않으면 감사하겠습니다.

🐾 aggression [명] 무력 침공, 공격
　　　　　　　 명사화
🐾 aggressive [형] 공격적, 적극적
　　　　　~하는 성향의. 성격을 가진

---

digress [daigrés]
떨어져 가다

[자동] (이야기에서) 벗어나다, 탈선하다

We have digressed a lot from our first plan.
우리는 처음 계획에서 많이 벗어났다.

🐾 digression [명] 주제에서 벗어남, 탈선
　　　　　　 명사화
🐾 digressive [형] 본론에서 벗어난
　　　　　~하는 성향의. 성격을 가진

---

degrade [digréid]
아래로 가다

[타동] ~의 지위를 낮추다, 좌천시키다
[자동] 지위[신분]가 떨어지다, 타락하다

Don't degrade yourself just for his sake.
그 사람을 위해서 너 자신을 낮추지 마.

🐾 degradation [명] 불명예, 좌천, 하락
　　　　　　　 명사화

---

progress [영]prougrés [미]prágres]
앞으로 가다

[명] 전진, 진행 [자동] 전진하다, 진행되다
[타동] ~을 발전[진척]시키다

We have made great progress with the project.
우리는 그 프로젝트에서 큰 진전을 이루었다.

🐾 progression [명] 진보, 전진
　　　　　　　 명사화
🐾 progressive [형] 진보적인
　　　　　~하는 성향의. 성격을 가진

---

regress [영]rigrés [미]rí:gres]
뒤로 가다

[자동] 되돌아가다, 복귀하다
[명] 되돌아감, 후퇴, 역행

We regressed from using computers to writing letters.
우리는 컴퓨터를 사용하다가 다시 손으로 편지를 쓰는 것으로 퇴보했다.

🐾 regression [명] 후퇴, 퇴행, [생물] 퇴보
　　　　　　　 명사화
🐾 regressive [형] 되돌아가는, 후퇴하는
　　　　　~하는 성향의. 성격을 가진

---

upgrade [영]ʌ̀pgréid [미]ʌ́pgrèid]
위로 가다

[명] 오르막길
[타동] ~을 높이다, (등급)을 올리다
[자동] 성능을 향상시키다

Mike wanted to upgrade his guitar but didn't have the funds to do so.
마이크는 기타를 업그레이드하고 싶었지만 그럴 자금이 없었다.

🐾 upgradable [형] 업그레이드할 수 있는
　　　　　　 ~할 수 있는

vent, vene 🐾오다

vent와 vene는 come(오다)를 의미하는 어원이다. 이 어원은 사람들이 모여오는 장소를 뜻하는 venue처럼 장소와 관련된 단어에서도 사용된다.

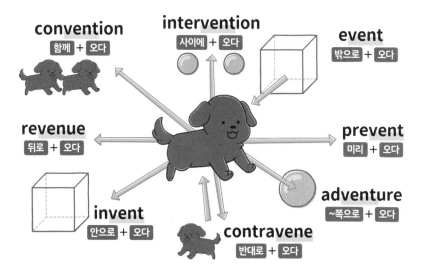

convention
함께 + 오다

intervention
사이에 + 오다

event
밖으로 + 오다

revenue
뒤로 + 오다

prevent
미리 + 오다

invent
안으로 + 오다

contravene
반대로 + 오다

adventure
~쪽으로 + 오다

---

invent [invént]
안으로 오다

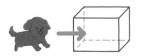

타동 ~을 발명하다, 창안하다

I really wanted to <u>invent</u> a good excuse to leave the party.
나는 정말 파티를 떠나기 위한 좋은 변명을 만들고 싶었다.

🐾 invention 명 발명, 창작
　　　　명사화
🐾 inventor 명 발명가
　　　　사람, 사물
🐾 inventory 명 재고품

😄 invent는 예로부터 '발견하다'라는 의미이며, 즉 inventory는 말 그대로 '발견한 것'이라는 뜻이다.

---

event [ivént]
밖으로 오다

명 (중요한) 사건, 일어난 일, 행사

There are many <u>events</u> being held during summer.
여름 동안에 많은 행사가 열리고 있다.

convention [kənvénʃən]
함께 오다

[명]집회, 대회, 대표자 회의

Last week, I joined a furry convention; it was great fun!
지난주에 나는 컨벤션에 참가했는데, 정말 재미있었어!

adventure [ədvéntʃər]
~쪽으로 오다

[명]모험, 모험심

If you want an adventure, go to that man over there by the wooden wagon.
모험을 원한다면, 저기 나무 마차 옆에 있는 저 남자에게 가봐.

🐾 advent [명]출현, 도래

intervention [intərvénʃən]
사이에 오는 것

[명]개재, 조정, 중재

We need some intervention for this argument.
우리는 이 논쟁에 개입이 필요하다.

🐾 intervene [자동]사이에 들다, 끼다

contravene [kàntrəvín]
반대로 오다

[타동]~을 위반하다, 범하다

Jane's actions contravene the rules of the school.
제인의 행동은 학교 규칙을 위반하고 있다.

😊 어원 contra-에는 against의 의미가 있다(132페이지 참조).

prevent [privént]
미리 오다

[타동](…의 발생을) 막다, 방해하다

Alicia was trying to prevent her mom from spending too much on food.
알리시아는 엄마가 음식에 너무 많은 돈을 쓰지 않도록 막으려고 했다.

🐾 prevention [명]저지, 방해, 예방
　　　　　　명사화
🐾 preventive [형]예방의, 방지하는, 사전에 막는
　　　　　　~하는 성향의, 성격을 가진

revenue [révənù:]
뒤에 오다

[명]세입, 수입

Tony Stark has a gross revenue of one-billion dollars.
토니 스타크는 총수입이 10억 달러에 이른다.

😊 profit(이익) = revenue(수익) - expense(비용)

알알 메모 🖋
avenue(대로)는 venire(오다)에서 유래한 단어이므로 함께 기억해 두자.

duce, duct 🐾 이끌다

duce와 duct는 lead(이끌다)를 의미하는 어원이다. duct는 이 어원에서 파생되어 '도관'이라는 뜻의 명사로도 사용된다.

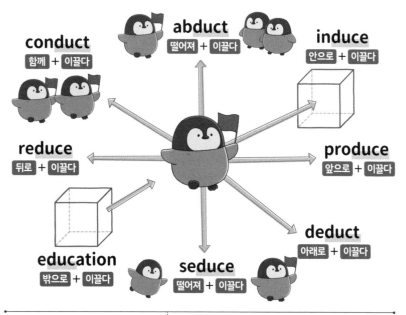

conduct
함께 + 이끌다

abduct
떨어져 + 이끌다

induce
안으로 + 이끌다

reduce
뒤로 + 이끌다

produce
앞으로 + 이끌다

deduct
아래로 + 이끌다

education
밖으로 + 이끌다

seduce
떨어져 + 이끌다

---

induce [indú:s]
안으로 이끌다

[타동] ~을 설득하다, 유도하다

Music can induce a meditative state to the listener.
음악은 듣는 사람에게 명상 상태를 유도할 수 있다.

🐾 induction [명]소개, 유도, 취임
　　　　　　명사화

💭 intro도 in과 마찬가지로 '안으로'라는 뜻이며, introduce는 '안으로 + 이끌다'로 '안으로 소개하다'가 된다.

---

education [èdʒukéiʃən]
밖으로 이끄는 것

[명]교육, 지식

Don't let your hobbies get in the way of your education.
취미가 학업에 방해가 되지 않도록 해라.

🐾 educate [타동] ~을 교육하다
　　　　　동사화

---

conduct [통kəndʌ́kt 명kándʌkt]
함께 이끌다

타동 ~을 행동하다, 지휘하다 명행위
자동 (길 등이 ~으로) 통하다, 안내하다

That girl was charged with disorderly conduct for refusing to state her name.
그 소녀는 이름을 밝히기를 거부한 이유로 무질서한 행위로 기소되었다.

❀ conductor 명차장, 지휘자, 도체
　　사람. 사물
❀ semiconductor 명반도체
　　사람. 사물

abduct [æbdʌ́kt]
떨어져 이끌다

타동 ~을 유괴하다

If someone tries to abduct you, shout and run away.
누군가가 너를 납치하려고 하면 소리치고 도망가.

❀ abduction 명납치
　　명사화

deduct [didʌ́kt]
아래로 이끌다

타동 ~을 빼다, 공제하다

If you don't take this job seriously, I'm going to deduct 10% from your monthly salary.
이 일을 진지하게 하지 않으면, 월급에서 10%를 공제할 거야.

❀ deduction 명공제
　　명사화

produce [prədús]
앞으로 이끌다

타동 (곡물 등)을 생산하다, 산출하다
자동 산출하다, 만들어내다, 생산하다
명 생산액, 농산물, 제품

The company wants everyone to produce a result.
회사는 모두가 성과를 내길 원한다.

❀ production 명생산, 제조
　　명사화
❀ reproduction 명재생산, 복제, 번식
　다시　명사화
❀ producer 명제작자, 생산자
　　사람. 사물

reduce [ridú:s]
뒤로 이끌다

타동 ~을 줄이다, 감소시키다; 축소하다
자동 줄다, 감소하다, 축소되다

I expect that prices will reduce by next week.
다음 주까지 가격이 내려갈 것으로 예상한다.

❀ reduction 명감소
　　명사화
❀ reducer 명줄이는 장치, 감속기, 감소시키는 사람
　　사람. 사물

seduce [sidú:s]
떨어져 이끌다

타동 ~을 부추기다, 꾀다, 꾀어 ~하게 하다

Are you really trying to seduce me?
너 정말 나를 유혹하려고 하는 거야?

se-도 dis-, ab-와 마찬가지로 '떨어져'라는 의미가 있다.

❀ ≒attract 타동 자동 (~을) 끌어당기다

cept, ceive 🐾 취하다

cept와 ceive는 take(취하다)를 의미하는 어원이다. accept(받아들이다), receive(받다), deceive(속이다) 같은 단어에 쓰인다.

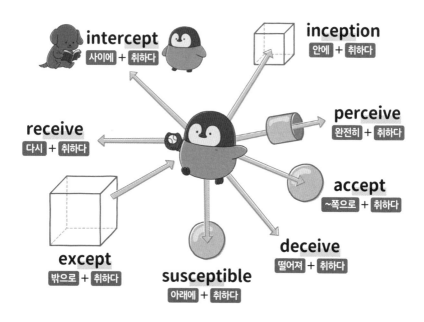

intercept 사이에 + 취하다

inception 안에 + 취하다

perceive 완전히 + 취하다

receive 다시 + 취하다

accept ~쪽으로 + 취하다

deceive 떨어져 + 취하다

except 밖으로 + 취하다

susceptible 아래에 + 취하다

---

except [iksépt]
밖으로 취하다

타동 ~을 빼다, 제외하다
전 ~을 제하고는

Everyone <u>except</u> Tom came to the party.
톰을 제외한 모두가 파티에 왔다.

🐾 exception 명제외, 예외
　　　　　명사화
🐾 exceptional 형예외적인
　　　　명사+al=형용사화

---

inception [insépʃən]
안에 취하다

명시초, 발단, 개시

She has been on the committee since its <u>inception</u> two years ago.
그녀는 2년 전 위원회가 설립된 이후로 계속 위원회에 속해 있다.

🐾 incept 타동 ~을 섭취하다

susceptible [səséptəbl]
아래에 취하다 할 수 있는 ↓

[형] (…의) 여지가 있는,
(…을) 받아들이는, 허락하는

I am <u>susceptible</u> to colds.
나는 감기에 잘 걸리는 편이다.

✿ susceptibility [명]느끼기 쉬움, 민감, 감수성
명사화

accept [æksépt]
~쪽으로 취하다

[타동] ~을 받아들이다, 받다

Accept yourself for who you are.
너 자신을 있는 그대로 받아들여라.

✿ acceptance [명]수납, 수락
명사화
✿ acceptable [형]받아들일[수락할] 수 있는
~할 수 있는

intercept [[동]intərsépt [명]íntərsèpt]
사이에 취하다

[타동] ~을 도중에서 잡다,
가로채다
[명] 가로채기; 방해, 차단

Tom tried to <u>intercept</u> a pass from John.
톰은 존이 보낸 패스를 가로채려고 했다.

✿ interception [명]차단, 가로막음
명사화
🗣 인터셉션은 패스 도중 공을 빼앗는 것을 말한다.

perceive [pərsíːv]
완전히 취하다

[타동] ~을 지각하다, 감지하다

I <u>perceived</u> you entering my room.
나는 네가 내 방에 들어오는 것을 알아차렸다.

✿ perception [명]지각, 인식
명사화

deceive [disíːv]
떨어져 취하다

[타동] ~을 속이다, 기만하다 [자동] 속이다

You are being <u>deceived</u> by your partner.
너는 네 파트너에게 속고 있다.

✿ deceiver [명]사기꾼
사람, 사물
✿ ≒cheat [타동]~을 속여 빼앗다 [자동]규칙을 어기다

receive [risíːv]
다시 취하다

[타동] ~을 받다, 수취하다
[자동] 받다, 수령하다

My brother <u>receives</u> special education services.
내 남동생은 특수 교육 서비스를 받고 있다.

✿ receiver [명]받는 사람, 수취인
사람, 사물
✿ receipt [명]영수증

왈왈 메모 ✏

susceptible의 접미사 -(a)ble은 '~할 수 있는'이라는 뜻을 가진 형태이다.

ject 🐾 던지다

ject는 throw(던지다)를 의미하는 어원이다. adjective는 ad(~쪽으로)와 ject(던지다)가 결합된 단어로, 명사에 던져지는 말이라는 의미에서 '형용사'를 뜻한다.

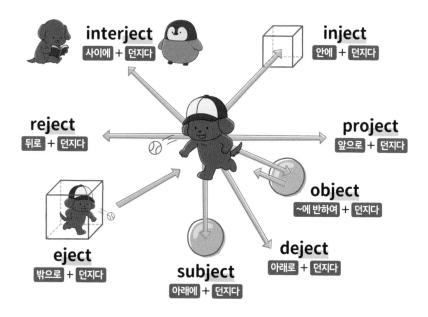

interject
사이에 + 던지다

inject
안에 + 던지다

reject
뒤로 + 던지다

project
앞으로 + 던지다

object
~에 반하여 + 던지다

eject
밖으로 + 던지다

subject
아래에 + 던지다

deject
아래로 + 던지다

---

inject [indʒékt]
안에 던지다

타동 ~을 주사하다, 주입하다

The doctor injected a vaccine under the skin.
의사는 피부 아래에 백신을 주사했다.

🐾 injector 명 주사기
　　　　사람, 사물
🐾 injection 명 주입, 주사
　　　　명사화

---

eject [idʒékt]
밖으로 던지다

타동 ~을 쫓아내다, 꺼내다, 배출하다

The pilot was ejected from the plane before it was crashed.
조종사는 비행기가 추락하기 전에 탈출했다.

🐾 ejection 명 방출, 분출
　　　　명사화

subject [동səbdʒékt 명sʌ́bdʒikt]
아래에 던지다

타동 ~에 복종시키다 명 주제, 과목

Read these tips on how to write great e-mail subject lines.

훌륭한 이메일 제목을 작성하는 방법에 대한 팁을 읽어보세요.

✾ subjective 형 주관적인
~하는 성향의, 성격을 가진

object [동əbdʒékt 명ábdʒikt]
~에 반하여 던지다

타동 자동 (~에) 반대하다
명 물건, 대상

My parents objected to our marriage.

우리 부모님은 우리의 결혼에 반대하셨다.

✾ objective 형 객관적인 명 목적, 목표
~하는 성향의, 성격을 가진
✾ objection 명 반대, 이의제기
명사화

interject [intərdʒékt]
사이에 던지다

타동 (말 따위)를 불쑥 끼워 넣다

May I interject one thing?

제가 한마디만 끼어들어도 될까요?

✾ interjection 명 끼어들기
명사화
🕐 사이에 끼워 넣기 때문에 '끼워 넣다'이다.

project [동proudʒékt 명prádʒèkt]
앞으로 던지다

타동 ~을 계획하다 명 계획, 기획

We need to carry out this project.

우리는 이 프로젝트를 수행해야 한다.

✾ projector 명 프로젝터
사람, 사물
✾ projection 명 투사, 예측
명사화

deject [didʒékt]
아래로 던지다

타동 ~의 기를 꺾다, 낙담시키다

The fans were dejected when their team lost the final game.

팬들은 자신들의 팀이 결승전에 패배했을 때 낙담했다.

✾ dejection 명 낙담
명사화

reject [동ridʒékt 명rídʒekt]
뒤로 던지다

타동 ~을 거절하다, 각하하다
명 거부된 사람[것]; 불합격자[품]

My ex-girlfriend rejected my follow request on Instagram.

내 전 여자친구가 내 인스타그램 팔로우 요청을 거절했다.

✾ rejection 명 거절, 거부
명사화

mit 🐾 보내다

mit는 send(보내다)를 의미하는 어원이며, mess와 miss도 같은 어원을 공유한다. message는 '보낸 것', missile은 '발사된 것'이라는 의미를 가진다.

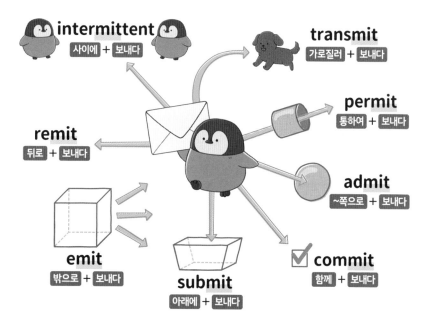

intermittent
사이에 + 보내다

transmit
가로질러 + 보내다

permit
통하여 + 보내다

remit
뒤로 + 보내다

admit
~쪽으로 + 보내다

emit
밖으로 + 보내다

submit
아래에 + 보내다

commit
함께 + 보내다

---

emit [imít]
밖으로 보내다

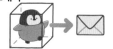

타동 (빛·열 등을) 방사하다, 내뿜다

Digital devices emit a lot of blue light.
디지털 기기는 많은 양의 블루라이트를 방출한다.

🐾 emission 몡방출, 배출
　　 명사화
🐾 emitter 몡방출하는 것
　　 사람. 사물

---

transmit [trænsmít]
가로질러 보내다

타동 ~을 부치다; 보내다　자동 송신하다

Nerve cells transmit messages around our bodies.
신경 세포는 우리 몸 전체에 신호를 전달한다.

🐾 transmission 몡전송, 전달
　　 명사화

submit [səbmít]
아래에 보내다

자동 (적 등에) 복종[굴복, 항복]하다

I have to submit the paper to my teacher today.
나는 오늘 선생님께 논문을 제출해야 한다.

🐾 submission 명항복, 제출, 제안서
　　　명사화
🐾 submissive 형복종적인, 순종적인
　　　~하는 성향의, 성격을 가진

---

admit [ədmít]
~쪽으로 보내다

타동 ~을 인정하다, 허락하다

I hate to admit it but it's true.
나는 인정하기는 싫지만, 사실이다.

🐾 admission 명입학(허가), 입교
　　　명사화
🐾 admissible 형허용되는, 받아들일 수 있는
　　　~할 수 있는

---

commit [kəmít]
함께 보내다

타동 ~을 범하다, 저지르다, 맡기다
자동 책임지다, 약속하다

There is no evidence he committed a crime.
그가 범죄를 저질렀다는 증거는 없다.

🐾 commission 명위탁, 위원회, 수수료
　　　명사화
🐾 uncommitted 형특정 입장을 취하지 않은
　부정　과거형 / 형용사화
🐾 commitment 명헌신, 노력
　　　명사화

---

permit [동pərmít 명pə́:rmit]
통하여 보내다

타동 ~을 허락하다 명허가(증)

I'm going to buy a parking permit tomorrow.
나는 내일 주차 허가증을 살 예정이다.

🐾 permission 명허가
　　　명사화
🐾 permissive 형관대한, 허용하는
　　　~하는 성향의, 성격을 가진

---

intermittent [intərmítənt]
사이에 보내다 형용사화

형때때로 중단되는,
　단속하는

The weatherman predicted intermittent rain for tomorrow.
기상 캐스터는 내일 간헐적인 비가 올 것이라고 예보했다.

🐾 intermit 타동~을 일시적으로 멈추다, 중단시키다
　　　　자동일시적으로 멈추다
🐾 intermission 명중간 휴식 시간, 일시적인 중단
　　　명사화

---

remit [rimít]
뒤로 보내다

타동 (돈)을 보내다, 송금하다,
　　 (죄)를 용서하다
자동송금하다

I remitted him the money last week.
나는 그에게 지난주에 돈을 보냈다.

🐾 remittance 명송금
　　　명사화
😊 '(있어야 할) 원래의 장소로 보낸다'라고 기억하면 이미지와 연결된다.

tend 🐾 뻗다, 펼치다

tend는 stretch(뻗다)를 의미하는 어원이다. 동사로는 '하는 경향이 있다', '하기 쉽다'는 뜻으로 사용된다. 이는 어떤 방향으로 기울거나 치우치는 이미지를 담고 있다.

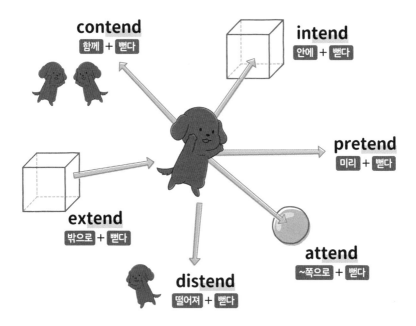

contend
함께 + 뻗다

intend
안에 + 뻗다

pretend
미리 + 뻗다

extend
밖으로 + 뻗다

attend
~쪽으로 + 뻗다

distend
떨어져 + 뻗다

---

extend [iksténd]
밖으로 뻗다

타동 (손·발 등)을 뻗다, 뻗치다

My professor agreed to extend the deadline.
나의 교수님은 마감일을 연장하는 데 동의하셨다.

🐾 extension 몡확장, 연장
    명사화
🐾 extensive 혱광활한, 넓은
    ~하는 성향의, 성격을 가진

---

intend [inténd]
안에 뻗다

타동 ~할 작정이다, ~을 의도하다

No harm intended.
해칠 의도는 없었다.

🐾 intention 몡의도, 목적, 계획
    명사화
🐾 intentionally 뷔고의로, 고의적으로
    형용사+ly = 부사화

contend [kənténd]
함께 뻗다

[자동] (곤란·불운 따위와) 싸우다
[타동] ~을 (강력히) 주장하다

She had to contend with difficulties.
그녀는 어려움과 싸워야 했다.

- contender [명]경쟁자, 도전자, 후보자
  사람, 사물
- contention [명]논쟁, 주장, 경쟁
  명사화

---

attend [əténd]
~쪽으로 뻗다

[타동] ~에 출석하다, 수반하다
[자동] 보살피다, 돌보다

You do not have to attend the meeting.
너는 그 회의에 참석할 필요가 없다.

- attendance [명]출석, 참석자 수
  명사화
- attention [명]주의, 관심
  명사화
- attendee [명]참석자
  ~하는 사람
- attendant [명]안내원, 직원 [형]부수적인
  사람, 사물 / 형용사화
- attentive [형]주의 깊은, 배려하는
  ~하는 성향의, 성격을 가진

---

distend [disténd]
떨어져 뻗다

[자동][타동] (~을) 넓히다, 넓어지다, (내부 압력에 의해) 팽창시키다

The doctors distended my abdomen.
의사들이 내 복부를 팽창시켰다.

- distention [명]팽창, 확장
  명사화
- distended [형]부풀어 오른, 팽창한
  과거형 / 형용사화

---

pretend [priténd]
미리 뻗다

[타동] ~을 가장하다, ~인 척하다
[자동] ~하는 척하다, ~라고 주장하다

She pretended to be dead when she met a bear.
그녀는 곰을 마주쳤을 때 죽은 척했다.

- pretension [명]허세, 가식, 잘난 체함
  명사화
- pretender [명]허위로 꾸미는 사람, 위선자
  사람, 사물
- 😊 pretend는 예문과 같이 pretend to의 형태로 쓰이는 경우가 많다.

알알 메모 ✏️

◎ pretend는 라틴어 praetendere에서 유래하였으며, '앞으로 내밀다'는 뜻에서 '~인 척하다'는 의미로 발전하였다.

◎ tendency(경향)의 -ency는 성질이나 상태를 나타내는 접미사이다.

mov, mot 🐾 움직이다

mov는 move(움직이다)를 의미하는 어원이다. automobile은 auto(스스로)+mob(움직이다)
+ble(~할 수 있는)의 조합으로 '스스로 움직일 수 있는 것', 즉 '자동차'를 뜻하는 단어이다.

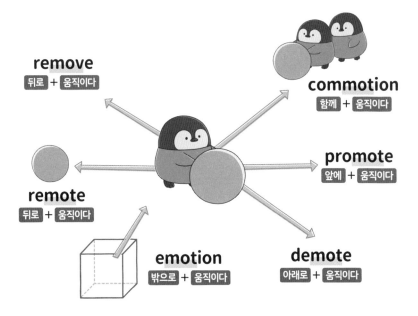

remove
뒤로 + 움직이다

commotion
함께 + 움직이다

promote
앞에 + 움직이다

remote
뒤로 + 움직이다

emotion
밖으로 + 움직이다

demote
아래로 + 움직이다

---

emotion [imóuʃən]
밖으로 움직이는 것

몡감동, 강렬한 감정, 감격

People should not let emotions control who they are.
사람들은 감정이 자신을 지배하게 해서는 안 된다.

🐾 emotional 혱감정적인
　　명사+al=형용사화

---

commotion [kəmóuʃən]
함께 움직이는 것

몡동요, 소요, 소동

I wonder what the commotion there was about;
I heard someone got hurt.
저기서 무슨 소란이 있었는지 궁금해. 누가 다쳤다고 들었거
든.

🐾 ≒disturbance 몡소란, 소동, (사회) 불안, 혼란

demote [dimóut]
아래로 움직이다

타동 ~을 떨어뜨리다

I might demote you from your current position.
나는 지금 맡고 있는 자리에서 너를 좌천시킬 수도 있어.

🐾 demotion 명좌천, 강등, 등급 하락
　　　　　명사화

promote [prəmóut]
앞에 움직이다

타동 ~을 증진하다, 진척시키다

This medicine can help promote a healthier lifestyle within a few weeks.
이 약은 몇 주 안에 더 건강한 생활 방식을 촉진하는 데 도움이 될 수 있다.

🐾 promotion 명승진, 진급
　　　　　명사화
🐾 promotive 형촉진하는, 장려하는
　　　~하는 성향의, 성격을 가진
🐾 promoter 명촉진자[물], 후원자, 기획자
　　　　　사람, 사물

remove [rimú:v]
뒤로 움직이다

타동 ~을 치우다, (모자 등)을 벗다
자동 이동하다, 이사하다 명이전, 이사

Do not remove the statue. It is very valuable and expensive.
그 조각상을 제거하지 마. 그것은 매우 귀중하고 비싸다.

🐾 removal 명제거, 이동, 철회
　　　동사+al=명사화
🐾 removable 형제거할 수 있는, 해임될 수 있는
　　　~할 수 있는

remote [rimóut]
뒤로 움직이다

형먼, 멀리 떨어진

We doubt Tom lives on a remote island.
우리는 톰이 외딴 섬에 살고 있다고 의심하고 있다.

😊 영어에서는 과거형 = 시간축의 '거리'라는 의미가 있어, remote
의 '먼'이라는 의미로 연결된다.

왈왈 메모 🖋

움직임을 나타내는 mob, mot를 정리해서 기억해두자.

· motion(-tion: 명) 움직임

· mobilize(-ize: 동) ~을 동원한다

· mobile(-able ~할 수 있는: 형) 움직일 수 있는

· motivate(-ate: 동) ~을 움직이게 하다

· motivation(-tion: 명) 의욕

press 🐾 누르다

press는 '누르다'를 의미하는 어원이다. 여기에 명사형 접미사 -ure가 붙으면 pressure가 되어 '압력'이라는 뜻이 된다.

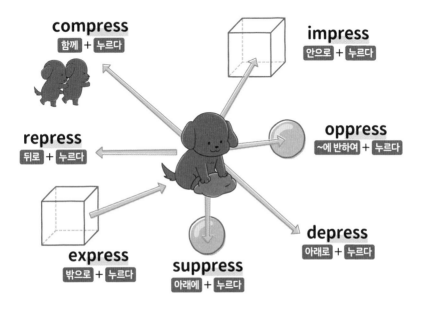

compress
함께 + 누르다

impress
안으로 + 누르다

repress
뒤로 + 누르다

oppress
~에 반하여 + 누르다

express
밖으로 + 누르다

suppress
아래에 + 누르다

depress
아래로 + 누르다

| **impress** [imprés]
안으로 누르다 

[타동] ~에게 (깊은) 인상을 주다, 감동시키다, 감명을 주다
[자동] 좋은 인상을 주다, 관심을 끌다 | I am so impressed with your kindness.
나는 당신의 친절에 정말 감명받았다.

🐾 impressive [형] 인상적인, 감명을 주는
　~하는 성향의, 성격을 가진
🐾 impression [명] 인상; 감명, 감상
　명사화
🐾 impressed [형] 감명을 받은, 좋은 인상을 받은
　과거형 / 형용사화 |
| **express** [iksprés]
밖으로 누르다

[타동] (감정·생각 등)을 표현하다
[형] 명확한, 뚜렷한, 명백한 | I want to express myself better in English.
나는 영어로 내 생각을 더 잘 표현하고 싶다.

🐾 expressive [형] 표현력이 풍부한, 감정을 잘 드러내는
　~하는 성향의, 성격을 가진
🐾 expression [명] 표현, 표정
　명사화 |

suppress [səprés]
아래에 누르다

[타동] (반란·폭동 등)을 억압[진압]하다, 가라앉히다, 억누르다, 억제하다

You should not <u>suppress</u> your anger.
너는 화를 억누르지 말아야 한다.

* 🐾 suppression 몡억압, 진압, 탄압
  명사화
* 🐾 suppressor 몡억압[탄압]자, 억제자
  사람, 사물
* 🐾 suppressive 혱억압하는, 진압하는, 억누르는
  ~하는 성향의, 성격을 가진

---

oppress [əprés]
~에 반하여 누르다

[타동] ~을 압박하다, 억압하다

The dictator <u>oppresses</u> the people.
독재자는 국민을 억압한다.

* 🐾 oppressive 혱억압적인, 압박감이 드는
  ~하는 성향의, 성격을 가진
* 🐾 oppression 몡압박, 압제, 억압
  명사화

---

compress [kəmprés]
함께 누르다

[타동] ~을 압축하다, (파일)을 압축하다
[자동] 압축되다

Underwater divers breathe <u>compressed</u> air.
수중 잠수부들은 압축된 공기를 호흡한다.

* 🐾 compression 몡압축, 압착(된 것)
  명사화
* 🐾 compressor 몡압축기, 압착기
  사람, 사물
* 🐾 compressed 혱압축[압착]된, 간결한
  과거형 / 형용사화

---

repress [riprés]
뒤로 누르다

[타동] ~을 억제하다, 억누르다

I <u>repressed</u> a sneeze.
나는 재채기를 참았다.

* 🐾 repression 몡진압; 억제, 제지
  명사화
* 🐾 repressive 혱제지하는, 억압적인
  ~하는 성향의, 성격을 가진

---

depress [diprés]
아래로 누르다

[타동] ~를 낙담시키다, 우울하게 하다

Come on, don't be so <u>depressed</u>.
자, 기운 내. 너무 낙담하지 마.

* 🐾 depression 몡의기소침, 우울
  명사화
* 🐾 depressive 혱우울한
  ~하는 성향의, 성격을 가진
* 🐾 depressed 혱의기소침한, 낙담한
  과거형 / 형용사화

알알 메모 ✏️

press(누르다)는 동사로도 자주 쓰이는 단어이므로, 같은 어원을 가진 oppress(억압하다), suppress(제지하다) 등의 단어와 함께 정리해서 기억해 두자.

tract 끌다

tract는 draw(끌다)를 의미하는 어원이며, tractor는 tract(끌다)와 or(도구, 물건)이 결합되어 '끄는 기계', 즉 '트랙터'를 뜻하는 단어이다.

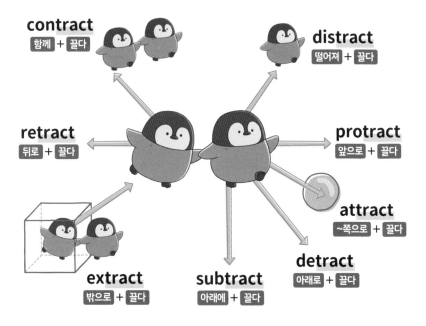

contract 함께 + 끌다

distract 떨어져 + 끌다

retract 뒤로 + 끌다

protract 앞으로 + 끌다

attract ~쪽으로 + 끌다

detract 아래로 + 끌다

extract 밖으로 + 끌다

subtract 아래에 + 끌다

---

extract [동ikstrǽkt 명ékstrækt]
밖으로 끌다

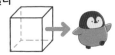

타동 ~을 뽑다, 추출하다 명추출물

A lemon squeezer is a tool used to extract juice from citrus fruits.
레몬 착즙기는 감귤류 과일에서 주스를 추출하는 도구이다.

🐾 extractive 형발췌적인; 추출할 수 있는
~하는 성향의, 성격을 가진

---

distract [distrǽkt]
떨어져 끌다

타동 (마음·주의)를 흐트러뜨리다

My child gets easily distracted.
내 아이는 쉽게 산만해진다.

🐾 distraction 명주의가 산만해지는 것
명사화
🐾 distractive 형주의[정신]를 산만하게 하는
~하는 성향의, 성격을 가진

40

subtract [səbtrǽkt]
아래에 끌다

[타동] ~을 빼다, 덜다
[자동] 뺄셈을 하다

If you subtract 5 from 8, you get 3.
8에서 5를 빼면 3이 된다.

- subtraction [명]뺄셈, 감소, 제거
  명사화
- 😀영어로 덧셈은 addition, 곱셈은 multiplication, 나눗셈은 division이라고 한다.

attract [ətrǽkt]
~쪽으로 끌다

[자동] 끌어당기다
[타동] ~을 끌어당기다, 끌다

Sugar attracts ants.
설탕은 개미를 끌어당긴다.

- attraction [명]끌림, 매력
  명사화
- attractive [형]사람의 마음을 끄는, 매력적인
  ~하는 성향의, 성격을 가진

contract [동]kəntrǽkt [명]kántrækt]
함께 끌다

[타동] ~을 계약하다
[명]계약, 약정

Many employees do not have written contracts.
많은 직원들이 서면 계약을 가지고 있지 않다.

- contractor [명]계약자, 도급자
  사람, 사물
- subcontractor [명]하청인, 하청업자
  아래

protract [proutrǽkt]
앞으로 끌다

[타동] ~을 오래 끌다, 길게 하다, 연장하다

You are protracting the argument.
너는 그 논쟁을 질질 끌고 있다.

- protraction [명]연장, 지연, 돌출
  명사화
- ⇔retract [타동]~을 철회하다, 취소하다
  [자동]쑥 들어가다, 오그라들다

detract [ditrǽkt]
아래로 끌다

[자동] 떨어지다, 나쁘게 말하다
[타동] (주의)를 딴 데로 돌리다

That doesn't detract from the fact that she was a genius.
그것이 그녀가 천재였다는 사실을 깎아내리는 것은 아니다.

- detraction [명]비난, 험담
  명사화
- 😀비슷해 보이는 distraction도 dis(멀어짐) + traction(끌어당김) = '산만함'으로 구분해서 생각하면 쉽게 기억할 수 있다.
- detractive [형](가치, 명성 등을) 떨어뜨리는
  ~하는 성향의, 성격을 가진

retract [ritrǽkt]
뒤로 끌다

[타동] ~을 철회하다, 취소하다
[자동] 쑥 들어가다, 오그라들다

The minister retracted the statements.
장관은 그 발언을 철회했다.

- retraction [명]취소, 철회, 수축
  명사화
- ⇔protract [타동]~을 오래 끌다, 길게 하다, 연장하다

pend, pense 🐾 매달다, 무게를 달다

pend와 pense는 hang(매달리다), weigh(무게를 달다)를 의미하는 어원이다. 여기에 -ing를 붙이면 pending이 되어 '매달린', 즉 '미해결의'라는 뜻이 된다.

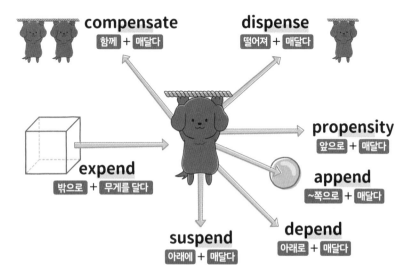

compensate 함께 + 매달다

dispense 떨어져 + 매달다

propensity 앞으로 + 매달다

expend 밖으로 + 무게를 달다

append ~쪽으로 + 매달다

suspend 아래에 + 매달다

depend 아래로 + 매달다

---

expend [ikspénd]
밖으로 무게를 달다

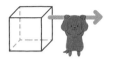

타동 ~을 소비하다, 쓰다

We already <u>expended</u> too much money on the project.
우리는 이미 그 프로젝트에 너무 많은 돈을 썼다.

🐾 expense 명지출, 비용
🐾 expenditure 명지출, 소비, 비용
　　　　　　　　명사화
🐾 expensive 형값비싼, 비용이 많이 드는
　　　　　　　경향이 있는, 성격을 가진
🐾 inexpensive 형값이 싸고 저렴한, 비싸지 않은
　　　　　　　 부정

---

append [əpénd]
~쪽으로 매달다

타동 ~을 덧붙이다, 달다, 매달다

The writer <u>appended</u> a glossary to his book.
그 작가는 자신의 책에 용어 해설을 덧붙였다.

🐾 appendix 명부가물, 부록, 맹장

suspend [səspénd]
아래에 매달다

[타동] ~을 매달다, 걸다, 달다

Many airlines <u>suspended</u> operations due to the pandemic.
많은 항공사들이 팬데믹으로 인해 운영을 중단했다.

🐾 suspender [명]멜빵[물건]
　　　　　　　　사람. 사물

---

depend [dipénd]
아래로 매달다

[자동] (에 따라) 결정된다, 의지하다

A : Are you going hiking tomorrow?
B : It <u>depends</u> on the weather.
A : 내일 등산 갈 거야?
B : 날씨에 따라 다르지.

🐾 dependence [명]의존, 의지, 신뢰, 의존증
　　　　　　　명사화
🐾 dependent [형]의지[의존]하는, 종속 관계의
　사람. 사물 / 형용사화 [명]부양가족, 피부양자
😃 -ent는 사람, 사물화, 혹은 형용사화시키는 접미사이다(78페이지 참조).

🐾 independence [명]독립, 자주, 자립
　　　　　　　　부정
🐾 independent [형]독립적인, 자주적인
　　　　　　　부정

---

compensate [kámpənsèit]
함께 매달다

[타동] ~에게 보상하다, 배상하다
[자동] 보충하다, 보상을 하다

The government will <u>compensate</u> the victims for their loss.
정부는 피해자들에게 그들의 손실을 보상할 것이다.

🐾 compensation [명]배상, 보상, 보충, 급여
　　　　　　　　　명사화
😃 -ate는 '~하다(동사화)'라는 기능을 가진 접미사이다(87페이지 참조).

---

propensity [prəpénsəti]
앞으로 매달다

[명]경향, 성향, 기호

He has a <u>propensity</u> for violence.
그는 폭력적인 성향이 있다.

🐾 ≒tendency [명]경향, 풍조, 추세
🐾 prepense [형]의도적인, 사전에 계획된
😃 prepense는 단독으로는 거의 볼 수 없는 단어이지만, malice prepense(사전 악의, 고의적인 악의)라는 표현을 외국 서적 등에서 볼 수 있다.

---

dispense [dispéns]
떨어져 매달다

[타동] ~을 분배하다, 나누어 주다

This vending machine <u>dispenses</u> bottled water.
이 자판기는 병에 든 물을 내보낸다.

🐾 dispenser [명]자동판매기, 음료 등을 일정량만 꺼낼 수
　　　　　　사람. 사물　있는 장치

vert, verse ☙ 돌리다

vert와 verse는 turn(돌리다)를 의미하는 어원이다. version은 verse에 명사형 접미사 -ion이 붙은 형태로, '형태', '판', '버전'이라는 뜻이 된다.

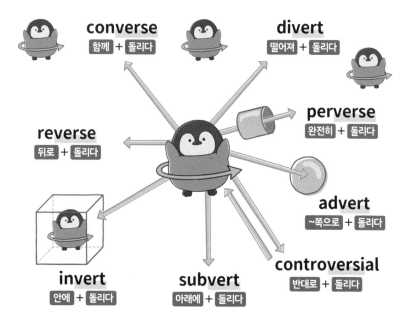

converse
함께 + 돌리다

divert
떨어져 + 돌리다

perverse
완전히 + 돌리다

reverse
뒤로 + 돌리다

advert
~쪽으로 + 돌리다

invert
안에 + 돌리다

subvert
아래에 + 돌리다

controversial
반대로 + 돌리다

---

invert [명ínvəːrt 동invéːrt]
안에 돌리다

[타동] ~을 거꾸로 하다, 뒤집다
[명] 거꾸로 된 것

The inverted pyramid is a common structure for writing news stories.
역피라미드 구조는 뉴스 기사 작성에서 흔히 사용하는 방식이다.

☙ inverted [형] 거꾸로 된, 뒤집힌, 반전된
과거형 / 형용사화

---

converse [명kənvə́rs 동kánvərs]
함께 돌리다

[자동] 이야기하다
[명] 반대, 역 [형] 정반대의

I conversed and played with his kids.
나는 그의 아이들과 대화를 나누고 함께 놀았다.

☙ 스니커즈 브랜드로 알려진 CONVERSE는 영단어 CONVERSE가 아니라 창립자의 이름인 Marquis M Converse에서 따온 것이다.

subvert [səbvə́rt]
아래에 돌리다

[타동] ~을 전복시키다, 파괴하다

The activists are trying to subvert the government.
활동가들은 정부를 전복시키려고 시도하고 있다.

☙ subversion [명]전복, 파괴, 멸망
　　　　　　명사화

---

advert [图æ̀dvə́:rt] [명]ǽdvə:rt]
~쪽으로 돌리다

[자동]언급하다, 주의를 돌리다 [명]광고

I'm calling to inquire about the job advert.
구인 광고에 대해 문의하려고 전화했습니다.

☙ advertise [타동][자동](을) 광고하다, 선전하다

😊 -ise, -ize는 뒤에 대해 동사화하는 역할을 하며, '~화하다'라는 의미를 가지는 경우도 있다(87페이지 참조).

---

divert [dəvə́rt]
떨어져 돌리다

[타동] ~을 유용[전용]하다,
딴 곳으로 돌리다

His joke diverted our attention.
그의 농담이 우리의 주의를 돌렸다.

☙ diverse [형]다양한, 여러 가지의, 서로 다른

☙ diversity [명]다양성, 변화
　　　　　명사화

---

perverse [pərvə́:rs]
완전히 돌리다

[형]비정상적인, 삐뚤어진

I felt that is a perverse idea.
나는 그것이 그릇된 생각이라고 느꼈다.

☙ pervert [타동]~을 왜곡하다, 타락시키다, 악용하다

☙ perversity [명]심술궂음, 악행
　　　　　명사화

---

reverse [rivə́rs]
뒤로 돌리다

[자동][타동](~을) 거꾸로 하다, 반대로 하다
[명]반대, 반전 [형]거꾸로의, 반대의

I put the car in reverse.
나는 차를 후진 기어에 넣었다.

☙ reversal [명]반전, 역전, 손실
　　　　명사화

😊 -al은 뒤에 대해 명사를 형용사로, 동사를 명사로 바꾸는 역할을 한다(80, 85페이지 참조).

---

controversial [kàntrəvə́rʃəl]
반대로 돌리다 형용사화

[형]논란이 많은, 논쟁을 불러일으키는

Abortion is a controversial issue.
낙태는 논란이 많은 문제이다.

☙ controversy [명]논란, 논쟁, 분쟁

😊 controversial은 명사인 controversy에 -al이 붙어서 형용사가 된다(85페이지 참조).

port ᛜ 운반하다, 항구

port는 carry(운반하다)를 의미하는 어원이다. 여기에 형용사형 접미사 -able이 붙으면 portable 이 되어 '운반할 수 있는', '휴대용의'라는 뜻이 된다.

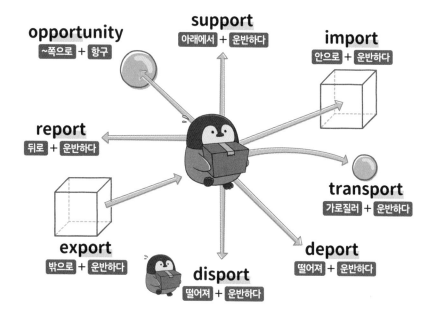

opportunity
~쪽으로 + 항구

support
아래에서 + 운반하다

import
안으로 + 운반하다

report
뒤로 + 운반하다

transport
가로질러 + 운반하다

export
밖으로 + 운반하다

disport
떨어져 + 운반하다

deport
떨어져 + 운반하다

---

import [동impɔ́ːrt 명ímpɔːrt]
안으로 운반하다

타동 ~을 수입하다, 들여오다
명 수입, 수입품, 수입 식품

We import wine from France.
당사는 프랑스에서 와인을 수입한다.

ᛜ importer 명 수입업자
사람. 사물

---

export [동ikspɔ́ːrt 명ékspɔːrt]
밖으로 운반하다

타동 ~을 수출하다, 밖으로 전하다
명 수출, 수출품, 수출액

Korea exports cars to many countries.
한국은 많은 나라에 자동차를 수출한다.

ᛜ exporter 명 수출업자
사람. 사물

support [səpɔ́rt]
아래에서 운반하다

타동 ~을 받치다, 유지하다 명 지탱, 유지

I support your idea.
나는 네 생각을 지지한다.

☙ supportive 형 도와주는, 힘이 되어주는, 지지하는
  ~하는 성향의, 성격을 가진
☙ supporter 명 지지자, 후원자
  사람, 사물

opportunity [àpərtjúnəti]
~쪽으로 항구

명 기회, 호기

Grab the opportunity!
기회를 잡아라!

☙ opportunist 명 기회주의자
  주의자
☙ opportune 형 시기가 좋은, 적절한

disport [dispɔ́rt]
떨어져 운반하다

타동 ~을 즐기다

They disported themselves on the beach.
그들은 해변에서 즐겁게 놀았다.

💬 '(심각한 문제를) 멀리 옮겨 보낸다'는 의미에서 '즐겁게 하다'라는 의미로 변화했다.

☙ ≒amuse 타동 ~을 재미있게 하다, 웃기다

transport [trænspɔ́:rt][trænspɔːrt]
가로질러 운반하다

타동 ~을 수송[운송]하다

The goods were transported from the warehouse.
상품은 창고에서 운송되었다.

☙ transportation 명 수송, 운송
  명사화
☙ transporter 명 수송[운송]자, 수송 차량
  사람, 사물

deport [dipɔ́rt]
떨어져 운반하다

타동 ~을 운반하다, 국외로 추방하다

The president decided to deport the illegal aliens living in the country.
대통령은 국내에 거주 중인 불법 체류자를 추방하기로 결정했다.

☙ deportation 명 추방, 강제 송환
  명사화

report [ripɔ́rt]
뒤로 운반하다

타동 자동 (~을) 보고하다 명 보고(서)

I reported the accident to the police.
나는 그 사고를 경찰에 신고했다.

☙ reporter 명 보고[신고]자, 기자
  사람, 사물

알알 메모 ✏
port는 단독으로 '항구'라는 명사로도 사용할 수 있다.

fer 🐾 운반하다, 가져오다

fer는 carry(운반하다), bring(가져오다)를 의미하는 어원이다. 앞의 어원인 port와 의미가 비슷하므로 함께 기억해 두는 것이 좋다.

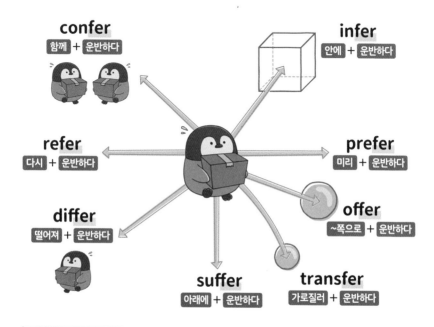

confer
함께 + 운반하다

infer
안에 + 운반하다

refer
다시 + 운반하다

prefer
미리 + 운반하다

differ
떨어져 + 운반하다

offer
~쪽으로 + 운반하다

suffer
아래에 + 운반하다

transfer
가로질러 + 운반하다

---

infer [infə́r]
안에 운반하다

[타동] ~을 추론하다, 추측하다, 암시하다

Cartoon readers are free to infer the words of the main character.
만화 독자들은 주인공의 말을 자유롭게 추측할 수 있다.

🐾 inference [명]추론, 추리
　　　명사화

---

transfer [[동]trænsfə́:r [명]trǽnsfər]
가로질러 운반하다

[타동] ~을 옮기다, 이전하다, 이동시키다
[자동] 이동하다, 전근 가다
[명] 이동, 전근, 전학

OMG! I forgot to transfer the files to our professor last night! I'm so dead.
이런! 어젯밤 교수님께 파일을 전송하는 걸 깜빡했어! 나 정말 큰 일 났다.

🐾 transferable [형]이동 가능한, 양도할 수 있는
　　　　　~할 수 있는

suffer [sʌ́fər]
아래에 운반하다

Tom had to suffer his trauma alone.
톰은 그의 트라우마를 혼자서 감당해야 했다.

> fer는 '운반하다' 외에도 '견디다'라는 의미를 가질 때가 있으며, suffer는 '아래에서 견디다'라는 의미에서 유래한 단어이다.

타동 자동 (~로) 괴로워하다, 겪다

---

offer [ɔ́fər]
~쪽으로 운반하다

I sometimes offer chocolates to my colleagues since I know they like them.
나는 동료들이 초콜릿을 좋아하는 것을 알기 때문에 가끔 초콜릿을 건넨다.

🐾 offeror 명제안자, 제의자
    사람, 사물
🐾 offeree 명피제안자, 제안을 받는 사람
    ~을 당하는 사람

타동 ~을 제공하다, 제출하다
자동 나타나다, 일어나다 명제공, 제안

---

confer [kənfə́r]
함께 운반하다

Jane wanted time to confer with her boyfriend about their problem.
제인은 그들의 문제에 대해 남자친구와 상의할 시간을 원했다.

🐾 conference 명협의, 상의, 회의
    명사화

자동 협의하다

---

prefer [prifə́r]
미리 운반하다

Many young adults prefer black or bitter coffee over sweetened.
많은 젊은이들이 단 커피보다 블랙커피나 쓴 커피를 더 선호한다.

🐾 preference 명더 좋아함, 선호
    명사화

타동 ~을 선호하다, 우선권을 주다

---

differ [dífər]
떨어져 운반하다

Sometimes, our lifestyles and taste differ as we mature.
때로는 우리가 성숙해지면서 생활 방식과 취향이 달라지기도 한다.

🐾 difference 명차이, 차이점
    명사화
🐾 different 형다른, 색다른
    사람, 사물 / 형용사화

자동 다르다, 의견을 달리하다

---

refer [rifə́r]
다시 운반하다

Almost everyone I know refers to google if they have questions.
내가 아는 거의 모든 사람은 질문이 있으면 구글을 조회한다.

🐾 reference 명언급, 참조, 참고 자료, 추천서
    명사화

타동 ~을 조회하다, 참조하게 하다

pose, posit, pone 🐾 놓다

pose, posit, pone은 put(놓다)를 의미하는 어원이다. postpone은 post(뒤로)와 pone(놓다)가 결합된 형태로, '뒤로 놓다'라는 뜻에서 '미루다'라는 의미가 된다.

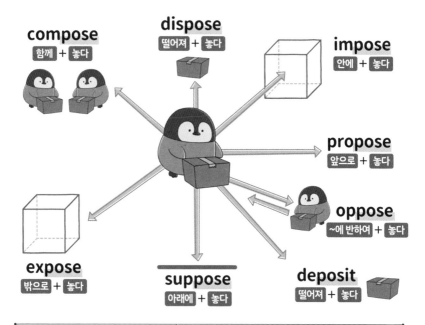

compose 함께 + 놓다

dispose 떨어져 + 놓다

impose 안에 + 놓다

propose 앞으로 + 놓다

oppose ~에 반하여 + 놓다

expose 밖으로 + 놓다

suppose 아래에 + 놓다

deposit 떨어져 + 놓다

---

impose [impóuz]
안에 놓다

타동 ~을 지우다, 부과하다, 강요하다

You shouldn't impose your opinion on others.
너는 자신의 의견을 다른 사람에게 강요해서는 안 된다.

🐾 impose A on B A를 B에 부과하다

🐾 imposition 명 부과, 도입, 민폐
　　　　　 명사화

---

expose [èkspouz]
밖으로 놓다

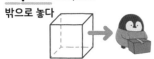

타동 ~을 드러내다, 접하게 하다

Do not expose your skin too much under the sun. You will get a sunburn.
햇볕 아래에서 피부를 너무 많이 노출하지 마라. 햇볕에 탈 것이다.

🐾 exposure 명 노출, 드러남, 폭로
　　　　　명사화

suppose [səpóuz]
아래에 놓다

타동 ~라고 가정하다,
상상하다

I suppose that they wanted to see the movie.
나는 그들이 그 영화를 보고 싶어 했다고 생각한다.

😊 "논리의 근거로 아래에 둔다"는 이미지에서 "가정하다"라는 의미가 된다.

🐧 supposed 형 가정된, 여겨지는, 추정되는
　　　　 과거형 / 형용사화
🐧 supposedly 부 추정상, 아마도 😊 형용사 + ly = 부사화

---

oppose [əpóuz]
~에 반하여 놓다

타동 ~에 반대하다, 대항하다

I heard that many Koreans oppose tax increases.
나는 많은 한국인들이 세금 인상에 반대한다는 이야기를 들었다.

🐧 opposite 형 정반대의, 마주 보는
🐧 opposition 명 반대, 저항, 반대편
　　　　 명사화
🐧 opponent 명 경쟁자, 반대자
　　　 사람, 사물 / 형용사화

---

compose [kəmpóuz]
함께 놓다

타동 ~을 조립하다, 구성하다, 작곡하다,
만들다, 조직하다

Mike started composing using the piano at such a young age.
마이크는 아주 어린 나이에 피아노를 사용해 작곡을 시작했다.

🐧 composition 명 조립, 작문, 작곡
　　　　 명사화
🐧 composer 명 작곡가, 창작자
　　　 사람, 사물
🐧 component 명 구성 요소, 부품 형 구성하는, 성분의
　　　 사람, 사물 / 형용사화

---

propose [prəpóuz]
앞으로 놓다

타동 ~을 제의하다, 제출하다
자동 제안하다, 청혼하다

Tom proposed to his girlfriend on their second anniversary.
톰은 그들의 2주년 기념일에 여자친구에게 청혼했다.

🐧 proposal 명 제안, 제의, 청혼 😊 동사 + al = 명사화

---

deposit [dipázit]
떨어져 놓다

타동 ~을 집어넣다, 두다 명 보증금

I forgot to deposit my money at the bank yesterday.
나는 어제 은행에 돈을 입금하는 것을 깜빡했다.

🐧 deposition 명 퇴위, 침전, 입금, 증언 기록
　　　　 명사화

---

dispose [dispóuz]
떨어져 놓다

타동 ~을 배치하다 자동 처리하다

James forgot to dispose of the evidence that he ate his twin's snack.
제임스는 자기가 쌍둥이 형제의 간식을 먹은 증거를 치우는 것을 깜빡했다.

🐧 disposition 명 기질, 처분, 배치
　　　　 명사화
🐧 disposal 명 처분, 매각 😊 동사 + al = 명사화

😊 정리, 배치하여 처분하는 경우 disposition
제거, 매각하여 처분하는 경우 disposal

struct 🐾 짓다, 쌓다

struct는 build(짓다), pile up(쌓다)를 의미하는 어원이다. 여기에 명사형 접미사 -ure가 붙으면 structure가 되어 '구조', '구성'이라는 뜻이 된다.

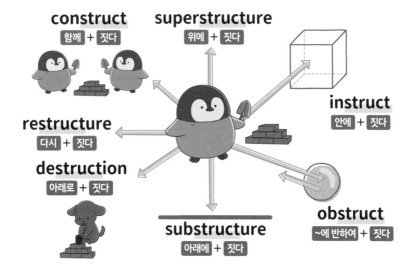

construct 함께 + 짓다
superstructure 위에 + 짓다
instruct 안에 + 짓다
restructure 다시 + 짓다
destruction 아래로 + 짓다
obstruct ~에 반하여 + 짓다
substructure 아래에 + 짓다

---

instruct [instrʌ́kt]
안에 짓다

[타동] ~을 지시하다, 지도하다

My university is looking for interns to assist and instruct the cooking lessons.
내 대학은 요리 수업을 돕고 지도할 인턴을 찾고 있다.

🐾 instruction [명]지시, 안내, 설명, 교육
　　명사화
🐾 instructor [명]강사, 지도자, 교관
　　사람. 사물
🐾 instructive [형]유익한, 교육적인, 가르쳐주는
　　~하는 성향의. 성격을 가진

---

construct [kənstrʌ́kt]
함께 짓다

[타동] ~을 건설하다, 조립하다
[명]건조물, 구성체

At school, they teach students how to construct logical arguments.
학교에서는 학생들에게 논리적인 주장을 구성하는 방법을 가르친다.

🐾 construction [명]건설, 공사, 구조, 구성
　　명사화
🐾 constructor [명]건설업자, 제작자, 구성자
　　사람. 사물

substructure [sʌ́bstrʌktʃər]
아래에 짓다

[명]기초 (공사), 토대, 기초

An earthquake can make the substructure of this building crack or collapse.
지진은 이 건물의 하부 구조에 균열을 일으키거나 붕괴시킬 수 있다.

🐾 ≒base [명]기초, 토대

---

obstruct [əbstrʌ́kt]
~에 반하여 짓다

[타동]~을 막다, 차단하다, 방해하다

Obstructing police while on duty is an offense.
근무 중인 경찰을 방해하는 것은 범죄이다.

🐾 obstruction [명]방해, 장애물, 막힘
　　　　　명사화
🐾 obstructive [형]방해하는, 진행을 막는
　　　　~하는 성향의, 성격을 가진

---

destruction [distrʌ́kʃən]
아래로 짓는 것

[명]파괴, (대량) 살인, (문서의) 파기, 멸망

The war in the Middle East caused too much destruction to people's lives.
중동에서의 전쟁은 사람들의 삶에 너무 많은 파괴를 초래했다.

🐾 destroy [타동]~을 파괴하다, 부수다, 없애다
🐾 destructive [형]파괴적인, 해로운
　　　　~하는 성향의, 성격을 가진
😃 de-는 반전을 의미하기도 한다.

---

restructure [ristrʌ́ktʃər]
다시 짓다

[타동][자동] (~을) 재구성하다, 개혁하다

After that accident, Ethan had to restructure his life.
그 사고 이후, 이든은 자신의 삶을 재정비해야 했다.

😃 리스트럭처링은 restructure에 -ing를 붙인 restructuring([명]재구조화)의 줄임말이다.

---

superstructure
위에 구조물　[súːpərstrʌktʃər]

[명]상부 구조물, 상부 구조

Society's superstructure includes the culture, ideology and identities that people inhabit.
사회의 상부 구조에는 사람들이 속해 있는 문화, 이데올로기, 그리고 정체성이 포함된다.

😃 예문의 '상부구조'는 마르크스주의 사회의 토대를 이루는 것을 의미한다.

알알 메모
substructure와 superstructure는 일상에서 거의 볼 수 없는 단어이지만, 영단어의 구성 방식을 이해하는 데 도움이 유용하기 때문에 함께 소개한다.

rupt 🐾 깨다, 터지다

rupt는 break(깨다), burst(터지다)를 의미하는 어원이다. 여기에 명사형 접미사 -ure를 붙이면 rupture가 되어 '파열', '파손'이라는 뜻이 된다.

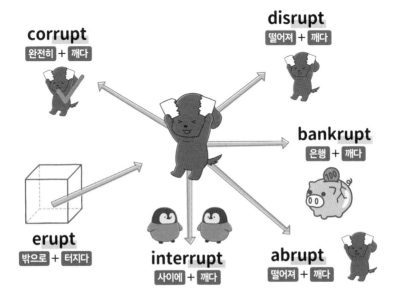

disrupt
떨어져 + 깨다

corrupt
완전히 + 깨다

bankrupt
은행 + 깨다

erupt
밖으로 + 터지다

interrupt
사이에 + 깨다

abrupt
떨어져 + 깨다

---

erupt [irápt]
밖으로 터지다

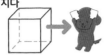

자동 분출하다, 폭팔하다, 분화하다
타동 ~을 분출하다

Mt. Mayon is an active volcano in the Philippines that can erupt at any given time.
마욘산은 필리핀에 있는 활화산으로, 언제든지 폭발할 수 있다.

🐾 eruption 명 분출, 폭발, 발생
  명사화
🐾 eruptive 형 분출하는, 폭발성의
~하는 성향의, 성격을 가진

---

corrupt [kərápt]
완전히 깨다

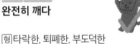

형 타락한, 퇴폐한, 부도덕한
타동 ~을 타락시키다, 부패시키다
자동 부패하다, 타락하다

There are many corrupt government officials in any country.
어느 나라에나 부패한 정부 관료들이 많다.

🐾 corruption 명 타락, 부패, 변질, 왜곡
  명사화

abrupt [əbrʌpt]
떨어져 깨다

圈갑작스러운, 뜻밖의

Mr. Smith made an abrupt leave without telling the office.
스미스 씨는 사무실에 알리지 않고 갑작스럽게 떠났다.

* abruptly 閉갑자기, 불쑥, 느닷없이
    +ly=부사화
* ≒sudden 圈갑작스러운, 예상치 못한

interrupt [⑧intərʌpt ⑨íntərʌpt]
사이에 깨다

他動自動(~을) 방해하다 圈중단, 방해

Leo didn't want to interrupt his teacher even though he had a question.
레오는 질문이 있었지만 선생님을 방해하고 싶지 않았다.

* interruption 圈방해, 중단, 끼어듦
    명사화
* uninterrupted 圈끊기지 않은, 방해받지 않은
    부정   과거형 / 형용사화

disrupt [disrʌpt]
떨어져 깨다

他動~을 붕괴시키다, 분열시키다

While traveling, Mason got many work-related e-mails that disrupted his leisure time.
여행 중에 메이슨은 많은 업무 관련 이메일을 받아서 그의 여가 시간이 방해받았다.

* disruption 圈혼란, 붕괴, 중단, 방해
    명사화
* disruptive 圈방해하는, 지장을 주는, 혼란을 일으키는
    ~하는 성향의, 성격을 가진

bankrupt [bǽŋkrʌpt]
은행 깨다

圈파산자 圈파산한, 지불 능력이 없는
他動~을 파산시키다

The company my friend made went bankrupt due to the pandemic.
내 친구가 설립한 회사는 팬데믹으로 인해 파산했다.

* bankruptcy 圈파산, 도산
* go bankrupt 파산하다, 부도가 나다

알알 메모 ✏

◎ ab-는 dis-와 마찬가지로 '떨어져'를 뜻하는 어원이다. abrupt는 어떤 것이 뚝 끊겨 이어지던 흐름이 갑자기 멈춘다는 느낌을 주기 때문에 '갑작스러운'이라는 뜻이 된다.

◎ route(길, 루트)도 사실은 rupt와 같은 어원을 가진 단어이다. 늘 지나 다니는 익숙한 길처럼 보이지만, 본래는 무언가에 의해 억지로 열려 형성된 길을 의미한다. 마치 짐승이 지나가며 만들어 놓은 길처럼 떠올리면 이해하기 쉽다.

ply, ploy 접다

ply, ploy는 fold(접다)를 의미하는 어원이다. 같은 의미를 가진 어근으로 pli, ple가 있으며, 함께 기억해 두면 좋다.

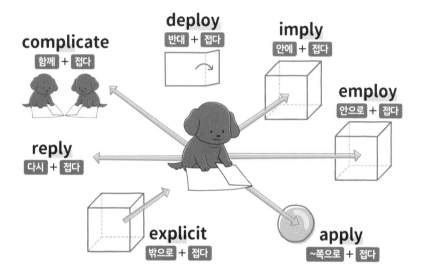

complicate
함께 + 접다

deploy
반대 + 접다

imply
안에 + 접다

employ
안으로 + 접다

reply
다시 + 접다

explicit
밖으로 + 접다

apply
~쪽으로 + 접다

---

imply [impláí] **안에 접다**	It was implied that she didn't like him. 그녀가 그를 좋아하지 않는다는 암시가 있었다.
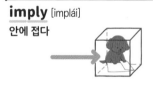 타동 ~을 암시하다, 의미를 담고 있다	🐾 implication 명 암시, 영향, 연루 　　　　　　　명사화

employ [emplóí] **안으로 접다**	I would like to employ you in our company. 저는 당신을 우리 회사에 고용하고 싶습니다.
 타동 (사람)을 쓰다, 고용하다	🐾 employment 명 고용, 일자리, 취업 상태 　　　　　　　명사화 🐾 employee 명 피고용인, 직원, 근로자 　　　　　~을 당하는 사람 🐾 employer 명 고용주, 사용자 　　　　　~하는 사람 🐾 unemployment 명 실업 　　　　　부정

explicit [iksplísit]
밖으로 접다

형 명백한, 뚜렷한

Smith's instructions for the essay were explicit.
스미스의 에세이에 대한 지시는 명확했다.

🐾 ≒clear 형분명한, 명확한, 깨끗한

---

complicate [kámpləkèit]
함께 접다

타동 ~을 복잡하게 하다 형복잡한

Our boss does not wish to complicate matters.
우리 상사는 문제를 복잡하게 만들고 싶어 하지 않는다.

🐾 complication 명복잡하게 만드는 문제, 합병증
　　　　　　　　　　명사화
🐾 complicated 형복잡한, 어려운
　　　　　　　　과거형 / 형용사화

---

apply [əplái]
~쪽으로 접다

타동 ~을 쓰다, 사용하다
자동 적용되다, 적합하다, 신청하다

She applied for citizenship in the country, but her request has been denied.
그녀는 그 나라에 시민권을 신청했지만, 그녀의 요청은 거절되었다.

🐾 application 명적용, 지원, 신청
　　　　　　　　명사화
🐾 applicable 형적용 가능한, 해당되는
　　　　　　　~할 수 있는
🐾 applicant 명신청자, 지원자
　　　　　사람. 사물 / 형용사화
🐾 appliance 명가전제품, 기기　　목적에 맞게 접힌 것
　　　　　　　명사화

---

deploy [diplói]
반대 접다

타동 ~을 (전략적으로) 배치하다
자동 전개하다, 배치하다

American soldiers are continuously deployed in Iraq.
미국 군인들은 이라크에 계속해서 배치되고 있다.

🐾 deployment 명배치, 전개, 활용
　　　　　　　명사화

---

reply [riplái]
다시 접다

타동 ~을 대답하다 명대답, 회답

You may email them now, but expect a reply within ten days.
지금 이메일을 보내도 되지만, 답장은 10일 내에 받을 거라고 예상한다.

알알 메모

숫자를 나타내는 접두사로는 du(2), tri(3), multi(복수)가 있다.

duplicate는 '두 개로 겹쳐 접다'는 의미에서 '복사본', '복제하다'라는 뜻이 되며,

triple은 '세 개로 접다'는 의미에서 '세 개로 구성된', '세 배의'라는 뜻이 된다.

multiple은 '다수의', '다중의'라는 의미로 사용된다.

ply, ple 🐾 채우다

ply, ple은 fill(채우다)를 의미하는 어원이다. '접다'를 뜻하는 ply와 철자가 같아 혼동하기 쉬우므로, 두 어원을 구분해 기억해 두는 것이 좋다.

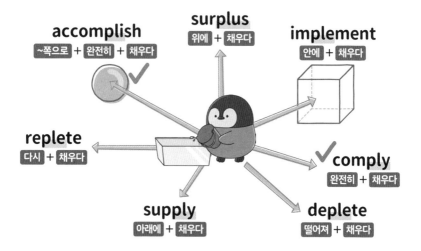

surplus
위에 + 채우다

accomplish
~쪽으로 + 완전히 + 채우다

implement
안에 + 채우다

replete
다시 + 채우다

comply
완전히 + 채우다

supply
아래에 + 채우다

deplete
떨어져 + 채우다

---

comply [kəmplái]
완전히 채우다

자동 (명령 등에) 따르다, 응하다

Our company expects you to comply with our orders, otherwise you can be dismissed.
당사는 당신이 지시에 따를 것을 기대하며, 그렇지 않으면 해고될 수 있습니다.

🐾 compliant 형순응하는, 따르는
　　사람. 사물 / 형용사화
🐾 compliance 명준수, 순응

<완전히 채우다>
🐾 complete 형완벽한　🐾 completely 부완전히
　　　　　　　　　　　　　　+ly=부사화
🐾 completion 명완성, 완료
🐾 incomplete 형불완전한, 미완성의
　　부정

<완전히 채우기 위한 어떤 것>
🐾 complement 명보완물
　　　명사화
🐾 complementary 형보완적인, 서로 잘 어울리는
🐾 compliment 명찬사, 칭찬
🐾 complimentary 형칭찬하는, 무료의

implement [ímpləmènt]
안에 채우다

명도구 타동~을 실행하다, 실시하다

They implemented an update to the software.
그들은 소프트웨어에 업데이트를 실행했다.

😊 필요를 충족시키는 것 → 도구, 필요를 충족시키는 것 → 실행 및 구현하는 것으로 정리하면 쉽게 기억할 수 있다.

---

supply [səplái]
아래에 채우다

명공급, 지급 타동~을 공급하다, 주다

I wonder if the store can supply the demand the fans want.
나는 그 가게가 팬들이 원하는 수요를 충족시킬 수 있을지 궁금하다.

🐧 supplement 명보충물, 추가
　　　　　　명사화
🐧 supplementary 형추가의, 보충의
🐧 supplier 명공급자, 납품업체
　　　　사람, 사물

---

deplete [diplít]
아닌 채우다

타동~을 격감시키다, 고갈시키다

We should conserve our supplies; they might deplete one day.
우리는 물자가 언젠가 고갈될 수 있으니 아껴 써야 한다.

🐧 depletion 명고갈, 소모
　　　　　 명사화
🐧 depletive 형고갈시키는, 소모시키는
　　　　　~하는 성향의, 성격을 가진

---

replete [riplí:t]
다시 채우다

형충만한, 충분히 공급된

The books in the library are replete with amazing stories.
도서관의 책들은 놀라운 이야기들로 가득 차 있다.

🐧 repletion 명충만, 가득 참, 포만
　　　　　명사화

---

accomplish [əkámpliʃ]
~쪽으로 완전히 채우다

타동~을 이루다, 성취하다

We must accomplish this mission, or we may never be able to return home.
이 임무를 완수하지 않으면 우리는 다시는 집으로 돌아올 수 없을지도 모른다.

🐧 accomplishment 명성취, 업적, 완수
　　　　　　　　명사화
🐧 accomplished 형성취된, 뛰어난
　　　　　　　과거형 / 형용사화

---

surplus [sárplʌs]
위에 채우다

명나머지, 과잉 형잔여의

The warehouse has a surplus of unwanted products.
창고에는 불필요한 제품이 과잉으로 쌓여 있다.

😊 surplus의 plus는 어원 ple에서 파생된 것으로, sur(위) + plus(더)로 '남는, 흑자'라는 뜻이다.

lude 🐾 놀다, 연주하다

lude는 play(놀다, 연주하다)를 의미하는 어원이다. 이 어원은 illusion(착각), delusion(망상)과 같은 단어에서도 사용된다.

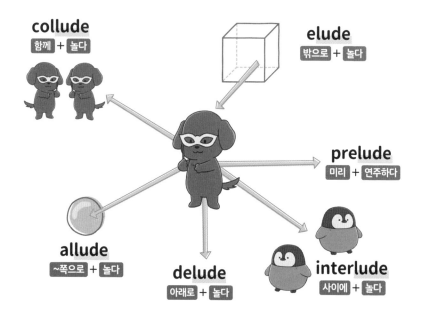

collude
함께 + 놀다

elude
밖으로 + 놀다

prelude
미리 + 연주하다

allude
~쪽으로 + 놀다

delude
아래로 + 놀다

interlude
사이에 + 놀다

---

elude [ilúːd]
밖으로 놀다

타동 ~을 (교묘하게) 피하다

Criminals elude the police on a day-to-day basis.
범죄자들은 매일같이 경찰을 피해 다닌다.

🐾 elusion 명 도피, 회피, 교묘한 빠져나감
　　　　명사화
🐾 elusive 형 파악하기 어려운, 이해하기 힘든, 잘 피하는
　　　　~하는 성향의, 성격을 가진

---

prelude [préljuːd]
미리 연주하다

명 전조, 전주곡

The prelude to the opera is about to begin.
오페라의 서곡이 곧 시작될 예정이다.

🐾 prelusive 형 서두의, 서곡의, 예비적인
　　　　~하는 성향의, 성격을 가진

collude [kəlú:d]
함께 놀다

[자동] 공모하다

The former government <u>colluded</u> with Russia.
이전 정부는 러시아와 공모했다.

- collusion [명]공모, 결탁
  명사화
- collusive [형]공모의, 결탁한
  ~하는 성향의, 성격을 가진

delude [dilú:d]
아래로 놀다

[타동] ~을 믿게 하다, 속이다

Don't <u>delude</u> yourself. You are not as good as you think you are.
착각하지 마. 네가 생각하는 만큼 잘하지 않아.

- delusion [명]망상, 착각, 환상
  명사화
- delusive [형]현혹시키는, 속이는, 착각을 일으키는
  ~하는 성향의, 성격을 가진
- deluded [형]속은, 착각한, 망상에 빠진
  과거형 / 형용사화

interlude [íntərlù:d]
사이에 놀다

[명]막간, 사이사이에

I think this piece's <u>interlude</u> is just wonderful.
이 곡의 중간 부분이 정말 훌륭하다고 생각한다.

- ≒interval [명](장소·시간의) 간격, 사이, 중간 휴식 시간

allude [əlú:d]
~쪽으로 놀다

[자동]넌지시 말하다, 암시하다, 언급하다

I don't like how you guys <u>allude</u> to building a wall without the citizens' approval.
나는 시민들의 동의 없이 벽을 세우는 것을 암시하는 방식은 좋아하지 않는다.

- allusion [명]암시, 간접적인 언급
  명사화
- allusive [형]암시적인, 넌지시 말하는
  경향이 있는, 성격을 가진
- ≒indicate [타동] ~라는 것을 나타내다, 암시하다

왈왈 메모

◎ post는 '뒤에'를 뜻하는 어원을 가지며, postlude는 '마지막 곡', '후주곡'을 의미한다.

◎ in은 보통 '안에'를 뜻하지만, 문맥에 따라 '위에'의 의미로 해석되기도 하며, illusion은 '착각'을 의미한다. 여기에 '~하는 사람'을 뜻하는 접미사 -ist가 결합되면 illusionist(마술사)라는 단어가 된다.

◎ -ous는 '~을 가진', '~으로 가득 찬'이라는 뜻의 형용사형 접미사이며, ludicrous는 '우스 꽝스러운'이라는 의미로 쓰인다.

lig, leg, lect 🐾 모으다, 선택하다

lig, leg, lect는 collect(모으다), choose(선택하다)를 의미하는 어원이다. college는 [co(함께) + leg(모으다)]에서 유래하며 '대학'이라는 뜻이 된다.

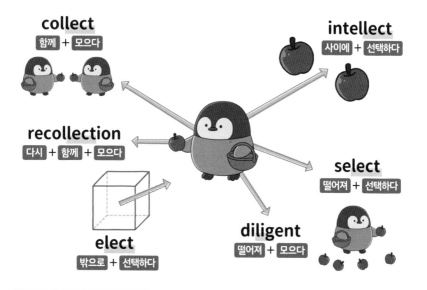

collect
함께 + 모으다

intellect
사이에 + 선택하다

recollection
다시 + 함께 + 모으다

select
떨어져 + 선택하다

elect
밖으로 + 선택하다

diligent
떨어져 + 모으다

---

elect [ilékt]
밖으로 선택하다

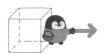

[타동] ~을 뽑다, 선출하다

Who would you <u>elect</u> as our club president?
동아리 회장으로 누구를 뽑을 건가요?

🐾 election [명]선거, 선출
　　　명사화
🐾 elective [형]선출의, 선택 가능한
　　　~하는 성향의, 성격을 가진
🐾 eligible [형]자격이 있는, 적격의
　　　~할 수 있는

---

collect [kəlékt]
함께 모으다

[타동] ~을 모으다 [자동] 모이다

Don't forget to <u>collect</u> the newspapers out front.
앞에 있는 신문들을 잊지 말고 가져와.

🐾 collection [명]수집, 모음
　　　명사화
🐾 collective [형]집단의, 공동의
　　　~하는 성향의, 성격을 가진
🐾 collector [명]수집가, 수금원, 징수원
　　　사람, 사물

intellect [íntəlèkt]
중간에 선택하다

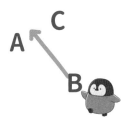

명 지성, 사고력

You need to use your intellect if you are going to enter the Chess Club.
체스 동아리에 들어가려면 지성을 발휘해야 한다.

* intellectual 형 지성의
  명사+al=형용사화
* intelligence 명 지성
  명사화
* intelligent 형 지적 능력을 가진
  사람, 사물 / 형용사화
* intelligible 형 이해할 수 있는
  ~할 수 있는

---

diligent [dílidʒənt]
떨어져 모으다

형 근면한, 열성적인

Sarah is exceptionally diligent when it comes to reading history books.
사라는 역사책을 읽을 때 특히 부지런하다.

💬 '여러 대상에서 따로 선택하다'는 의미로, 결국 '주의 깊게 고르다
  → 정성을 들이다'라는 뜻으로 발전하였다.

---

select [səlékt]
떨어져서 선택하다

타동 ~을 선택하다 자동 골라내다

He was about to select a choice when it timed out.
그는 선택하려던 순간 시간이 초과되었다.

* selection 명 선택
  명사화
* selective 형 선택적인
  ~하는 성향의, 성격을 가진

---

recollection [rèkəlékʃən]
다시 함께 모으는 것

명 회상, 기억, 상기

Our gramps periodically had recollections of the war.
우리 할아버지는 전쟁에 대한 기억을 주기적으로 떠올리셨다.

* recollect 타동 ~을 생각해 내다
* recollective 형 추억의
  ~하는 성향의, 성격을 가진

알알 메모 ✏️

◎ -able은 '~할 수 있는' 뜻의 접미사이며, legible은 '모으다'를 뜻하는 어근과 결합하여 '읽을 수 있는', 즉 '판독 가능한', '읽기 쉬운'이라는 의미가 된다. 여기에 부정을 뜻하는 접두사 il-이 붙으면 illegible이 되어 '읽기 어려운'이라는 뜻이 된다.

◎ ne-는 부정을 나타내는 접두사로, '선택하지 않다'는 의미에서 neglect는 '무시하다', '경시하다'라는 뜻이 되고, 명사형인 negligence는 '태만', '과실'이라는 의미를 가진다.

clude, close 🐾 닫다

clude, close는 shut, close(닫다)를 의미하는 어원이다. close는 동사로도 자주 쓰이는 단어이기 때문에 쉽게 기억할 수 있다.

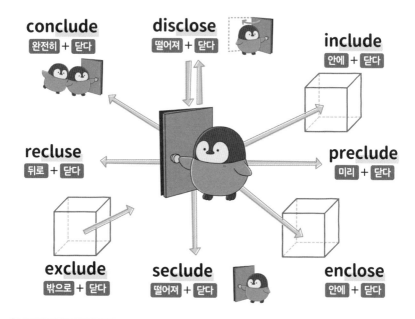

conclude
완전히 + 닫다

disclose
떨어져 + 닫다

include
안에 + 닫다

recluse
뒤로 + 닫다

preclude
미리 + 닫다

exclude
밖으로 + 닫다

seclude
떨어져 + 닫다

enclose
안에 + 닫다

---

include [inklúd]
안에 닫다

타동 ~을 포함하다, 함유하다

Michael would like to include his son in this program.
마이클은 이 프로그램에 자신의 아들을 포함시키고 싶어 한다.

🐾 inclusion 명 포함, 포용
　　　명사화
🐾 inclusive 형 포함하는, 포괄적인, 차별하지 않는
　　　~하는 성향의, 성격을 가진

---

enclose [enklóuz]
안에 닫다

타동 ~을 둘러싸다, 동봉하다

The police have to enclose the criminal's hideout.
경찰은 범죄자의 은신처를 포위해야 한다.

🐾 enclosure 명 동봉된 것, 울타리
　　　명사화

exclude [iksklú:d]
밖으로 닫다

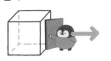

[타동] ~을 배제하다, 제외하다

We must not be a society that likes to exclude minorities from social activities.
우리는 소수 집단을 사회 활동에서 배제하기를 좋아하는 사회가 되어서는 안 된다.

🐾 exclusion [명]제외, 배제
　　　　　명사화
🐾 exclusive [형]제외하는, 독점적인, 고급스러운
　　　　~하는 성향의. 성격을 가진

---

disclose [disklóuz]
떨어져 닫다

[타동] ~을 공개하다, 밝히다

James refused to disclose where he got his information.
제임스는 자신이 정보를 얻은 출처를 밝히기를 거부했다.

🐾 disclosure [명]공개, 폭로, 드러냄
　　　　　명사화
😊 dis-는 부정이나 반대를 의미하기도 한다(72페이지 참조).

---

conclude [kənklú:d]
완전히 닫다

[타동] ~라고 결론을 내다, ~을 맺다
[자동] 결론을 내다, (이야기가) 끝나다

I can conclude that our real target is the man residing in that shack over there.
우리의 진짜 목표는 저기 오두막에 살고 있는 그 남자라는 결론을 내릴 수 있다.

🐾 conclusion [명]결론, 종료, 끝맺음
　　　　　명사화
🐾 conclusive [형]결정적인, 확실한
　　　　~하는 성향의. 성격을 가진

---

preclude [priklú:d]
미리 닫다

[타동] (사물)을 불가능하게 하다, 내쫓다

We must preclude the gang culture.
우리는 갱 문화를 막아야 한다.

🐾 ≒prevent [타동]~을 막다, 예방하다, 방지하다

---

recluse [réklu:s]
뒤로 닫다

[명] 은둔자

Tom lives a recluse life; he is not one to socialize with others.
톰은 은둔 생활을 한다. 그는 다른 사람들과 어울리지 않는 사람이다.

🐾 ≒solitary [형]혼자의, 외딴, 고독한 [명]은둔자

---

seclude [siklú:d]
떨어져 닫다

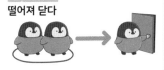

[타동] ~을 끌어당기다, 차단하다

She loves to seclude herself from everyone.
그녀는 모두로부터 자신을 고립시키는 것을 좋아한다.

🐾 ≒isolate [타동] ~을 고립시키다, 격리하다, 분리하다

😊 preclude, recluse, seclude는 사실 사용 빈도가 낮은 단어이다. 하지만 어원만 알고 있으면 모르는 단어를 만났을 때 추측을 할 수 있어 편리하다.

fect, fic, fact ✿ 행하다, 만들다

fect, fic, fact는 do(행하다), make(만들다)를 의미하는 어원이다. 명사 fact는 '누군가가 행한 것, 만든 것'이라는 의미에서 '사실'이라는 뜻이 된다.

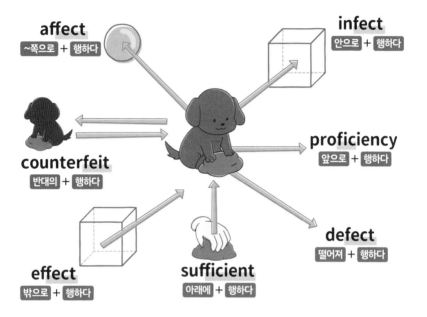

affect
~쪽으로 + 행하다

infect
안으로 + 행하다

counterfeit
반대의 + 행하다

proficiency
앞으로 + 행하다

defect
떨어져 + 행하다

effect
밖으로 + 행하다

sufficient
아래에 + 행하다

---

infect [infékt]
안으로 행하다

타동 ~에 감염시키다, 영향을 미치다

It's really important that we do not go out during the pandemic; we might <u>infect</u> others.
팬데믹 동안 외출하지 않는 것이 정말 중요해. 다른 사람들에게 감염시킬 수 있으니까.

---

effect [ifékt]
밖으로 행하다

타동 ~을 발효시키다 명 효과, 영향

The hurricane caused a devastating <u>effect</u> to our infrastructure.
허리케인은 우리의 기반 시설에 엄청난 피해를 끼쳤다.

✿ effective 형 효과적인, 유효한, 실제로 작동하는
~하는 성향의, 성격을 가진
✿ effectiveness 명 효과, 유효성
명사화

sufficient [səfíʃənt]
아래에 행하다

형충분한, 만족스러운

The work you've done is sufficient.
너가 지금까지 수행한 작업만으로도 충분하다.

☙ sufficiently 〔부〕충분히
　　형용사+ly=부사화
☙ sufficiency 〔명〕충분함, 충족
　　성질, 상태

---

affect [əfékt]
~쪽으로 행하다

타동 ~에 작용하다, 영향을 주다,
　　마음을 움직이다

This pandemic is going to affect our economy.
이번 팬데믹은 우리의 경제에 영향을 미칠 것이다.

☙ affection 〔명〕애정, 호의
　　명사화
☙ affective 〔형〕감정적인
　　~하는 성향의, 성격을 가진

---

defect [díːfekt]
떨어져 행하다

명결함, 불량

There's a defect in this machine.
이 기계에 결함이 있다.

☙ defective 〔형〕결함이 있는, 불완전한, 고장 난
　　경향이 있는, 성질을 갖다

---

counterfeit [káuntərfit]
반대의 행하다

형거짓된

He sold counterfeit goods.
그는 위조품을 팔았다.

☙ ≒fake 〔타동〕〔자동〕(~을) 속이다, 위조하다 〔형〕가짜의

---

proficiency [prəfíʃənsi]
앞으로 행하다

명숙달, 숙련

Sujin wanted to improve his proficiency in English.
수진은 자신의 영어 실력을 향상시키고 싶어 했다.

☙ proficient 〔형〕능숙한, 숙련된 〔명〕숙련, 능숙
　　사람, 사물/형용사화

◎ manu는 '손'이라는 뜻의 어원으로, manufacture에서 '제조하다' 또는 '제조'가 된다.
◎ sacri는 '신성한'이라는 뜻의 어원으로 sacrifice에서 '희생', '제물'이라는 뜻이 된다.
◎ 아래의 관련 단어들도 함께 정리하여 기억해 두면 어휘 학습에 도움이 된다.
　·fact〔명〕사실　·factor(-or 사람, 사물:〔명〕) 요인
　·factory(-ory 장소 등:〔명〕)공장　·fiction(-tion:〔명〕)픽션, 허구

form ☙ 형태를 만들다

동사 form(형태를 만들다)의 의미를 지닌 어원이다. form 단독으로는 '형태'를 뜻하는 명사로 사용된다. 66쪽의 fect, fic, fact와 이미지가 유사하므로 함께 연상해 두면 좋다.

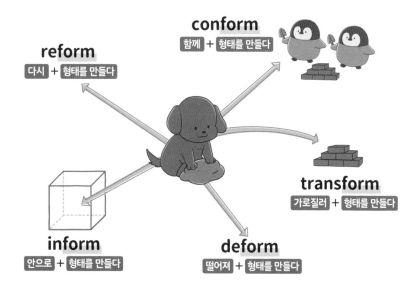

conform
함께 + 형태를 만들다

reform
다시 + 형태를 만들다

transform
가로질러 + 형태를 만들다

inform
안으로 + 형태를 만들다

deform
떨어져 + 형태를 만들다

---

inform [infɔ́rm]
안으로 형태를 만들다

타동 자동 (~에게) 정보를 주다

Olivia thinks it is better to inform everyone about the party.
올리비아는 파티에 대해 모두에게 알리는 것이 더 낫다고 생각한다.

☙ information 명 지식, 정보
　　　　　명사화
☙ informative 형 유익한, 정보를 제공하는
　　　　　~하는 성향의, 성격을 가진

---

transform [trænsfɔ́:rm]
가로질러 형태를 만들다

타동 ~을 변화시키다, 바꾸다
자동 (스스로) 변하다, 탈바꿈하다

After the Industrial Revolution 4.0, the way technology works has finally transformed.
4차 산업혁명 이후, 기술이 작동하는 방식이 마침내 변화했다.

☙ transformer 명 변압기
　　　　　사람, 사물
☙ transformation 명 변화, 변형
　　　　　명사화

conform [kənfɔ́rm]
함께 형태를 만들다

자동 따르다　타동 ~을 따르게 하다

We have to conform to the same ideal.
우리는 같은 이상에 맞춰야 한다.

🐾 conformation 명 형태, 배열, 구조
　　　　　　　　　명사화

---

deform [difɔ́rm]
떨어져 형태를 만들다

타동 ~을 변형시키다, 형태를 무너뜨리다

The buildings built by our ancestors are slowly beginning to deform and break apart.
우리 조상들이 지은 건물들이 서서히 변형되고 무너져 가고 있다.

🐾 deformation 명 변형, 왜곡
　　　　　　　명사화

---

reform [rifɔ́rm]
다시 형태를 만들다

명 개혁, 수정　타동 ~을 개혁하다

I think it is essential to reform the education system to enjoy school more.
나는 학교 생활을 더 즐기기 위해 교육 시스템을 개혁하는 것이 필수적이라고 생각한다.

🐾 reformer 명 개혁가, 개선자
　　　　　　사람, 사물

왈왈 메모

◎ uni-는 '하나'라는 뜻의 어원을 가지며, uniform은 '유니폼'이라는 의미가 된다. 57페이지의 왈왈 메모를 다시 복습하고, du(2)-, tri(3)-, multi(복수)-와 함께 기억해 두자.

◎ plat은 '평평한'이라는 뜻의 어원을 가지며, platform은 '무대', '역의 플랫폼'이라는 의미가 된다.

◎ '형태를 만들다'와 관련된 단어들도 함께 정리해 두자.
　·form 명 형태　·format 명 형식, 양식　·formation 명 형성, 구조
　·formal (명사+-al: 형) 격식 있는, 형식적인
　·formally (형용사+-ly: 부) 정식으로, 공식적으로
　·informal (in 부정, 명사+-al: 형) 비공식적인　·formula 명 정형화된 표현, 공식

◎ 참고로, perform(수행하다, 공연하다)에도 form이 들어 있지만, 이 단어는 '제공하다, 마련하다'는 의미의 다른 어원인 furnish, provide에서 유래한 것이므로 이 페이지에서는 다루지 않는다.

in-, ir-, il-, im-, un-, dis-, non-
부정

in-, ir-, il-, im-, un-, dis-, non-은 모두 '부정'이나 '반대'의 의미를 지닌 접두사이다. 이들은 단어 앞에 붙기만 해도 의미가 반대로 바뀌므로, 기억해 두면 영단어 학습에 도움이 된다.

in-	
incorrect [ìnkərékt] 형부정확한	**in+correct** 형정확한
informal [infɔ́rməl] 형비공식적인	**in+formal** 형공식적인
incapable [inkéipəbl] 형불가능한	**in+capable** 형능력이 있는
incredible [inkrédəbl] 형믿기지 않는	**in+credible** 형믿을 수 있는
inaccurate [inǽkjərit] 형부정확한	**in+accurate** 형정확한
inadequate [inǽdəkwət] 형부적절한	**in+adequate** 형충분한
inconsistency [ìnkənsístənsi] 명불일치	**in+consistency** 명일치, 일관성

알알 메모

in에는 '안에'라는 뜻의 어원도 있다(11페이지 참조).

ir-, il-, im-

illegal [ilíːgəl] 톙불법의	**il+legal** 톙합법적인, 법적
illegible [ilédʒəbl] 톙읽기 어려운	**il+legible** 톙읽을 수 있는
irregular [irégjələr] 톙불규칙한	**ir+regular** 톙규칙적인, 평소와 같은
immature [ìmətúr] 톙미숙한	**im+mature** 톙성숙한
irrelevant [iréləvənt] 톙관련 없는	**ir+relevant** 톙관련 있는
impossible [impάsəbəl] 톙불가능한	**im+possible** 톙가능성 있는
irresponsible [ìrispάnsəbəl] 톙무책임한	**ir+responsible** 톙책임감 있는

un-

unhappy [ʌnhǽpi] 톙불행한	**un+happy** 톙행복한
unknown [ʌnnóun] 톙알려지지 않은	**un+known** 톙알려져 있는
unfriendly [ʌnfréndli] 톙불친절한	**un+friendly** 톙친절한, 우호적인
unfinished [ʌnfíniʃt] 톙미완성인	**un+finished** 톙끝난
unavailable [ʌnəvéiləbl] 톙사용 불가능한	**un+available** 톙사용 가능한
unreasonable [ʌnrízənəbəl] 톙비합리적인	**un+reasonable** 톙합리적인
unpredictable [ʌnpridíktəbl] 톙예측할 수 없는	**un+predictable** 톙예측 가능한

dis-

dislike [disláik] 타동 ~을 싫어하다	**dis+like** 타동 ~을 좋아하다
disclose [disklóuz] 타동 ~을 공개하다	**dis+close** 타동 자동 (~을) 닫다
disagree [dìsəgrí:] 자동 동의하지 않다	**dis+agree** 자동 동의하다
disappear [dìsəpíər] 자동 사라지다	**dis+appear** 자동 나타나다
dishonest [disánist] 형 정직하지 못한	**dis+honest** 형 정직한
disconnect [dìskənékt] 타동 ~와의 연결을 끊다	**dis+connect** 타동 ~을 연결하다
disadvantage [dìsədvǽntidʒ] 명 단점	**dis+advantage** 명 장점

※ pros and cons(장단점)도 함께 기억해 두자!

알알 메모 ✏️
dis에는 '떨어져'를 의미하는 어원도 있다(11쪽 참고).

non-

nonstop [nánstáp] 형 직행의 명 직행편 등	**non+stop** 타동 ~을 멈추다 명 정지
nonsense [nánsens] 명 무의미	**non+sense** 명 의미, 감각
nonprofit [nànpráfət] 형 비영리적인	**non+profit** 명 이익
nonfiction [nànfík∫ən] 명 논픽션	**non+fiction** 명 픽션
nonsmoker [nànsmóukər] 명 비흡연자	**non+smoker** 명 흡연자
nonflammable [nànflǽməbl] 형 불연성의	**non+flammable** 형 불에 잘 타는, 가연성의

mis- 실수로

mis는 '잘못'을 의미하는 접두사이다. 앞 페이지에서 다룬 부정 접두사들과 함께 기억해 두면 어휘 학습에 도움이 된다.

mis-	
mistake [mistéik] 타동 자동 (~을) 잘못 알다 명 실수	**mis + take** 타동 자동 (~을) 가져가다
mislead [mislíd] 타동 ~를 잘못된 방향으로 이끌다	**mis + lead** 타동 ~를 선도하다
misspell [misspél] 타동 ~의 철자를 잘못 쓰다	**mis + spell** 타동 ~의 철자를 쓰다
misconduct [miskándʌkt] 명 불량 행위	**mis + conduct** 명 행위 타동 ~을 수행하다
misinterpret [mìsintə́:prit] 타동 ~을 잘못 해석하다	**mis + interpret** 타동 ~을 해석하다, 통역하다
mistranslation [mìstrænsléiʃən] 명 오역	**mis + translation** 명 번역
misunderstand [mìsʌndərstǽnd] 타동 자동 (~을) 오해하다, 잘못 이해하다	**mis + understand** 타동 자동 (~을) 이해하다

fore-, out-, over-, under-, post- 위치·방향

지금까지 소개한 접두사 외에도 위치나 방향을 나타내는 대표적인 접두사가 있다. 자주 쓰이는 것들만 정리했으니, 함께 기억해 두는 것이 좋다.

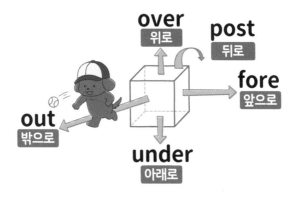

fore- 이전에	
foretell [fɔrtél] [타동] ~을 예고하다	**fore+tell** [타동] ~에 말하다
foresee [fɔrsíː] [타동] ~을 예견하다	**fore+see** [타동] ~을 보다
forecast [fɔ́rkæst] [타동] ~을 예측하다, 예보하다(일기예보 등) [자동] 예측하다 [명] 예상, 예측	**fore+cast** [타동] [자동] (~을) 던지다 [명] 던지기
foresight [fɔ́rsàit] [명] 선견지명	**fore+sight** [명] 시력, 보는 것
foreword [fɔ́ːwə̀ːd] [명] 서문, 머리말	**fore+word** [명] 단어
forefront [fɔ́rfrʌ̀nt] [명] 선두, 최전선	**fore+front** [명] 전면
forefather [fɔ́rfɑ̀ðər] [명] 조상(주로 남성)	**fore+father** [명] 아버지

over- 위에

overestimate [통òuvəréstəmeit 명óuvəréstəmeit]
타동 ~을 과대평가하다 명 과대평가

over+estimate
타동 ~을 평가하다
명 견적

overwork [통òuvərwə́:rk 명óuvərwə̀:rk]
타동 자동 (~을) 과도하게 일하게 하다 명 과로

over+work
자동 일하다
명 직업

overcrowd [òuvrkráud]
타동 ~을 혼잡하게 하다 자동 혼잡하다

over+crowd
명 군중
타동 ~에 넘쳐나다

overcome [òuvərkʌ́m] 타동 ~을 뛰어넘다

over+come
자동 오다

overtake [òuvərtéik] 타동 ~을 추월하다

over+take
타동 ~을 취하다

overreact [òuvərriǽkt] 자동 과민반응하다

over+react
자동 반응하다

overflow [òuvərflóu]
타동 ~을 넘쳐나게 하다 자동 넘쳐흐르다 명 홍수

over+flow
자동 흐르다 명 유속

under- 아래에

underestimate [통ʌndəréstəmèit 명ʌndəréstəmət]
타동 자동 (~을) 과소평가하다 명 과소평가, 경시

under+estimate
타동 ~을 평가하다
명 견적

underage [ʌndəréidʒ] 형 미성년자의

under+age
명 나이

undertake [ʌndərtéik]
타동 (~을) 착수하다, 맡다

under+take
타동 ~을 취하다

underground [ʌ́ndərgràund]
형 지하의 부 지하에서 명 지하

under+ground
명 지상

understand [ʌndərstǽnd]
타동 자동 (~을) 이해하다

under+stand
자동 서다
타동 ~을 참다, 서게하다

undermine [ʌndərmáin] 타동 ~을 약화시키다

under+mine
타동 ~을 발굴하다, 채굴하다

undergraduate [ʌndərgrǽdʒuət] 명 대학생

under+graduate
명 졸업생

75

out- 밖으로

outcome [áutkʌm] 명결과, 성과	out+come 자동오다
outdoor [àutdór] 형야외	out+door 명문
outline [áutlàin] 명윤곽, 개요	out+line 명선
output [áutpùt] 명생산, 출력	out+put 타동~을 놓다
outside [àutsáid] 명외부	out+side 명측면
outbreak [áutbrèik] 명발발	out+break 타동~을 부수다
outstanding [àutstǽndiŋ] 형뛰어난	out+standing 형서 있는

왈왈 메모
out-은 outnumber(타동~보다 수가 많다), outweigh(타동~보다 더 무겁다)처럼 '~을 초과하여', '~보다 뛰어나게'라는 의미로도 사용된다.

post- 뒤로

postwar [póustwòr] 형전쟁 이후의	post+war 명전쟁
postpone [poustpóun] 타동~을 뒤로 미루다	post+pone '놓다'를 뜻하는 어원 (50페이지 참조)
postscript (P.S.) [póustskrìpt] 명(편지의) 추신	post+script 타동~을 쓰다 명대본 '쓰다'를 뜻하는 어원 (16페이지 참조)
postgraduate [pòus(t)grǽdʒuət] 형대학 졸업 후의	post+graduate 명졸업생 자동졸업하다
postoperative [pəustópərətiv] 형수술 후	post+operative 형수술의, 작동하고 있는

어원편

명사화하는 접미사

접미사는 단어 뒤에 붙어 기능을 더하거나 품사를 바꾸는 역할을 한다. 여기에서는 영단어를 명사로 만드는 대표적인 접미사를 정리하였다.

-er, -or   ~하는 사람, 사물

tester [téstər] 몡증정품	**test+er** 몡테스트
writer [ráitər] 몡작가	**write+er** 타동자동(~을) 쓰다
visitor [vízətər] 몡방문자	**visit +or** 타동~을 방문하다
governor [ɡʌ́vərnər] 몡주지사, 도지사	**govern+or** 타동~을 지배하다, 관리한다
creator [kriéitər] 몡창조자	**create+or** 타동~을 창조하다
director [dəréktər] 몡감독, 임원	**direct+or** 타동~을 운영하다
translator [trænsléitər] 몡번역가	**translate+or** 타동~을 번역하다

-ant, -ent ~하는 사람

assistant [əsístənt] 명조수	**assist+ant** 타동~을 돕다
applicant [ǽplikənt] 명신청자	**apply+ant** 자동신청하다
immigrant [ímigrənt] 명이주자	**immigrate+ant** 자동이주해 오다
accountant [əkáuntənt] 명회계사	**account+ant** 자동설명하다, 해명하다
opponent [əpóunənt] 명경쟁사 형대립하는	**op + pose + ent** '반대의'의 '놓다'를 뜻하는 어원 의미를 가진 (50페이지 참조) 접두사
president [préz(i)dənt] 명대통령	**preside+ent** 자동통솔하다, 주재하다
resident [rézidənt] 명거주자 형거주하고 있는	**reside+ent** 자동거주하다

알알 메모 ✏️

-ant, -ent는 '~하는 사람'뿐만 아니라 '사물'을 의미하거나
형용사형으로 쓰이기도 한다.

-ant, -ent가 '~하는 사람'을 의미하지 않는 경우	
component [kəmpóunənt] 명구성 요소 형구성하는, 성분의	**com**(함께)+**pose**(놓다)+**ent**(물건)
pendant [péndənt] 명펜던트	**pend**(매달리다)+**ant**(물건)
fluent [flú:ənt] 형유창한	**flu**(흐르다)+**ent**(형용사화)
independent [ìndipéndənt] 형독립적인 명독립적인 사람	**in**(부정)+**depend**(의존하다)+**ent**(형용사화)
distant [dístənt] 형먼, 원격의	**dis**(떨어져)+**st**(서다)+**ant**(형용사화)
significant [signífikənt] 형중요한	**sign**(표시)+**fy**(~하는)+**ant**(형용사화)
current [ká:rənt] 형지금의, 현재의 명흐름	**cur**(달리다)+**ent**(형용사화)

-ee ~당하는 사람

employee [emplóii] 몡직원	**employ+ee** 타동~을 고용하다
interviewee [ìntərvjuːíː] 몡인터뷰 대상자	**interview+ee** 타동~를 면접하다 몡면접
committee [kəmíti] 몡위원회	**commit+ee** 타동~을 맡기다, 저지르다
trainee [treiníː] 몡연수생	**train+ee** 타동~을 훈련하다

-ist ~하는 사람, 전문가, 주의자

artist [ártist] 몡예술가	**art+ist** 몡예술
dentist [déntəst] 몡치과의사	**dent+ist** '치아'를 의미
egoist [íːgouist] 몡이기주의자	**ego+ist** 몡자아
tourist [túərist] 몡관광객	**tour+ist** 몡관광

-ship ~됨, ~임, ~인 상태(성질 등)

citizenship [sítizənʃip] 몡시민으로서의 신분	**citizen+ship** 몡시민
leadership [líːdərʃip] 몡지도자의 지위, 지도력	**leader+ship** 몡지도자
partnership [pártnərʃip] 몡결속력	**partner+ship** 몡동료
friendship [frén(d)ʃip] 몡우정	**friend+ship** 몡친구
hardship [hárdʃip] 몡어려움, 고난	**hard+ship** 혱어려운, 고난의

-ics ~학

economics [èkənámiks] 명경제학	**economic**+(ic)s 형경제의
electronics [ilektrániks] 명전자공학	**electronic**+(ic)s 형전자의
mathematics [mæ̀θəmǽtiks] 명수학	**mathematic**+(ic)s 형수학의
ethics [éθiks] 명윤리학	**ethic**+(ic)s 명윤리
statistics [stətístiks] 명통계학	**statistic**+(ic)s 명통계치
genetics [dʒənétiks] 명유전학	**genetic**+(ic)s 형유전자의
dynamics [dainǽmiks] 명역학	**dynamic**+(ic)s 형역동적인

-al 동사를 명사로 변경

disposal [dispóuzəl] 명처분	**dispose** 타동~을 배치하다 자동놓다
proposal [prəpóuzəl] 명제안	**propose** 타동~을 제안하다
removal [rimúːvəl] 명제거	**remove** 타동~을 제거하다, 옮기다
approval [əprúːvəl] 명동의, 승인	**approve** 타동~을 승인하다
refusal [rifjúːzəl] 명거부	**refuse** 타동~을 거부하다

알알 메모

명사 뒤에 -al이 붙은 경우(85페이지 참조)와 비교해 보자.

대체로 명사가 되는 접미사 목록

-tion, -sion	**formation** [fɔrméiʃən] 圀구성
	mission [míʃən] 圀임무
-ency, -ancy	**consistency** [kənsístənsi] 圀일관성
	redundancy [ridʌ́ndənsi] 圀중복, 반복
-ence, -ance	**reference** [réfərəns] 圀참고자료
	resistance [rizístəns] 圀저항
-ness	**kindness** [káindnəs] 圀친절, 상냥함
-ment	**advertisement** [æ̀dvərtáizmənt] 圀광고
-ure	**departure** [dipɑ́rtʃər] 圀출발
-ty	**difficulty** [dífikʌ̀lti] 圀어려움
-th	**width** [wídθ] 圀폭
-ent, -ant	**president** [préz(i)dənt] 圀대통령
	assistant [əsístənt] 圀조수
-or, -er	**visitor** [vízətər] 圀방문자
	tester [téstər] 圀증정품
-ee	**employee** [emplɔ́ii] 圀직원
-ist	**artist** [ɑ́rtist] 圀예술가
-ship	**citizenship** [sítizənʃip] 圀시민으로서의 자격
-ics	**economics** [èkənámiks] 圀경제학
-al (동사 + **al**)	**disposal** [dispóuzəl] 圀처분

형용사화, 부사화하는 접미사

영단어를 형용사, 부사로 만드는 기능을 가진 접미사에 대해 알아보고, 예문을 통하여 접미사의 역할을 확인해 보자.

-ous ~을 가진, 가득 찬

industrious [indʌ́striəs] 형부지런한	**industry+ous** 명산업, 근면
suspicious [səspíʃəs] 형의심스러운	**suspect+ous** 타동~을 의심하다
dangerous [déindʒərəs] 형위험한	**danger+ous** 명위험
numerous[njúmərəs] 형많은 수의	**number+ous** 명수
spacious [spéiʃəs] 형널찍한	**space+ous** 명공간, 자리
continuous [kəntínjuəs] 형끊이지 않는	**continue+ous** 타동자동(~을) 계속하다
monotonous [mənátənəs] 형단조로운	**monotone+ous** 명단조로움
humorous [hjúːmərəs] 형유머러스한	**humor+ous** 명유머

-ive 경향이 있는, 성격을 가진

prospective [prəspéktiv] 형 미래의, 예상되는	**prospect+ive** 명 전망, 가능성
respective [rispéktiv] 형 각각의	**respect+ive** 타동 ~를 존경한다 명 존경
subjective [səbdʒéktiv] 형 주관적인	**subject+ive** 명 주제, 주어
objective [əbdʒéktiv] 형 객관적인 명 목적	**object+ive** 명 사물, 객관적
distractive [distrǽktiv] 형 산만하게 하는	**distract+ive** 타동 ~을 흐트러뜨리다

왈왈 메모 ✏️

대부분 형용사이지만, 드물게 명사로 쓰이는 경우도 있다.
· perspective [pərspéktiv] 명 시점, 관점
· adjective [dʒiktiv] 명 형용사
· objective [bdʒéktiv] 명 목적 형 객관적인

-able ~할 수 있는

suitable [sútəbəl] 형 적합한	**suit+able** 타동 ~에 적합하다
available [əvéiləbl] 형 이용할 수 있는	**a(d) + vail + able** '~쪽으로를' '가치가 있는'을 뜻하는 어원 뜻하는 어원
wearable [wérəbəl] 형 착용할 수 있는	**wear+able** 타동 ~을 착용하다
considerable [kənsídərəbl] 형 고려할 만한	**consider+able** 타동 ~을 고려하다
acceptable [ækséptəbl] 형 납득할 수 있는	**accept+able** 타동 ~을 받아들이다
understandable [ʌndərstǽndəbl] 형 이해할 수 있는	**understand+able** 타동 ~을 이해하다
interchangeable [intərtʃéindʒəbl] 형 교환할 수 있는	**interchange+able** 타동 ~을 교환하다

-ful ~로 가득한

useful [júːsfl] 형유용한	**use+ful** 타동~을 사용하다
careful [kέərfl] 형조심스러운	**care+ful** 명걱정, 주의
fruitful [frúːtfl] 형결실이 있는	**fruit+ful** 명과일 자동결실을 맺다
helpful [hélpfl] 형도움이 되는, 유익한	**help+ful** 타동~을 돕다
harmful [hάrmfl] 형해로운	**harm+ful** 타동~을 해치다
powerful [páuərfl] 형강력한	**power+ful** 명힘
meaningful [míːniŋfəl] 형의미심장한, 뜻있는	**meaning+ful** 명의미

-less ~없는

useless [júːsləs] 형쓸모 없는	**use+less** 타동~을 사용하다
careless [kέərləs] 형부주의한	**care+less** 명걱정, 주의
fruitless [frúːtləs] 형결실이 없는	**fruit+less** 명과일 자동결실을 맺다
helpless [hélpləs] 형무력한	**help+less** 타동~을 돕다
harmless [hάrmləs] 형해롭지 않은, 무해한	**harm+less** 타동~을 해치다
powerless [páuərləs] 형힘없는	**power+less** 명힘
meaningless [míːniŋləs] 형무의미한	**meaning+less** 명의미

-ward, -wise 방향

likewise [láikwàiz] 부같이, 마찬가지로	**like+wise** 형비슷한
clockwise [klάkwàiz] 부시계 방향으로 형시계 방향의	**clock+wise** 명시계
otherwise [ʌ́ðərwàiz] 부다른 방법으로	**other+wise** 형다른
forward [fɔ́:rwərd] 부앞으로 형앞쪽으로의	**for + ward** '앞에'를 뜻하는 어원
awkward [ɔ́kwərd] 형어색한, 거북한	**awk + ward** '부자연스러운'을 뜻하는 어원
afterward [ǽftəwərd] 부그 후에	**after+ward** 전~한 뒤에 부나중에
northward [nɔ́rθwərd] 부북을 향하여 형북을 향한	**north+ward** 명북쪽

왈왈 메모 ✏️

wise를 사용하여 '~의 관점에서'라는 의미를 표현할 수도 있다.
· time-wise 부시간 면에서는
· money-wise 부재정 면에서는

-al 명사를 형용사로 변경

central [séntrəl] 형중앙의	**center+al** 명중심
logical [lάdʒikəl] 형이치에 맞는	**logic+al** 명논리
cultural [kʌ́ltʃərəl] 형문화적인	**culture+al** 명문화
accidental [æ̀ksidéntəl] 형우연한	**accident+al** 명우연

왈왈 메모 ✏️

동사 뒤에 -al이 붙은 경우(80페이지 참조)와 비교해 보자.

대체로 형용사가 되는 접미사 목록

-ive	**extensive** [iksténsiv] 형광범위한, 폭넓은
-ous	**industrious** [indʌ́striəs] 형근면한, 부지런한
-able	**respectable** [rispéktəbl] 형존경할 만한
-ful	**respectful** [rispéktfəl] 형존경심을 나타내는
-less	**careless** [kɛ́ərləs] 형부주의한
-al (명사 + **al**)	**central** [séntrəl] 형중심의
-ic	**academic** [æ̀kədémik] 형대학의

알알 메모

-ly로 끝난다고 해서 반드시 부사가 되는 것은 아니다. -ly는 명사를 형용사로 바꾸거나, 형용사를 부사로 바꾸는 접미사이다. 다음은 -ly로 끝나는 형용사의 예시이다.

· friendly(신뢰할 수 있는)

· lively(활기찬)

· likely(가능성 있는)

· daily(매일)

· costly(가격이 비싼)

· lovely(사랑스러운)

어원편

동사화하는 접미사

영단어를 동사로 만드는 기능을 가진 접미사를 알아보고, 지금까지 소개한 접미사와 함께 기억해 두자.

대체로 동사가 되는 접미사 목록

-en	**strengthen** [stréŋkθn] 타동 ~을 강하게 만들다
-ate	**accelerate** [əksélərèit] 타동 ~의 속도를 높이다
-ise, -ize	**advertise** [ǽdvərtàiz] 타동 ~을 홍보하다
	finalize [fáinəlàiz] 타동 자동 (~을) 끝내다
-fy	**identify** [aidéntəfài] 타동 ~을 확인하다

알알 메모 ✏️

-fy는 '~화하다'라는 의미를 가진다.
· diversify 타동 ~을 다양화하다
· justify 타동 ~을 정당화하다
· simplify 타동 ~을 단순화하다
· liquefy 타동 자동 (~을) 액화하다

영어 학습을 습관화하는 **3**가지 방법

영어 학습에서 가장 중요한 것은 공부의 지속성입니다. 하지만 공부하는 습관이 없는 사람에게는 이를 꾸준히 유지하는 것이 쉽지 않은 일입니다. 그래서 공부 습관을 들이는 데 효과적이었던 3가지 방법을 소개하겠습니다.

● 작은 한 걸음을 내딛는 것부터 시작합니다

공부를 시작할 때 처음부터 큰 목표나 실현하기 어려운 계획을 세우고 있지는 않습니까? 처음에는 의욕이 넘쳐 쉽게 해낼 수 있을 것처럼 보이지만, 며칠 혹은 몇 달이 지난 뒤에도 그 목표를 지킬 수 있을지는 생각해볼 문제입니다. 먼저 첫걸음을 뗄 수 있는 작고 실천 가능한 목표부터 설정해보십시오. 공부 습관이 없다면 하루 한 시간이라도 꾸준히 공부하는 것이 중요합니다. 아무리 피곤한 날이라도 한 시간 정도는 공부할 수 있지 않을까요? 그리고 그 시간 안에서 실현 가능한 계획을 세워보는 것이 좋습니다. 점차 공부에 익숙해지면 공부 시간을 조금씩 늘려 나가면 됩니다.

● 목표를 명확히 설정합니다

영어회화를 배우고 싶은지, TOEIC 고득점을 목표로 하는지에 따라 공부 방법은 달라집니다. 예를 들어 시험 대비라면 한 단어라도 더 외우는 것이 유리합니다. 모르는 단어가 많으면 문제를 풀 수 없기 때문입니다. 반면 영어회화를 목표로 한다면 얼마나 많은 단어를 쓸 수 있는 형태로 익히고 있는지가 중요합니다. 이 책의 다음 장에서는 중학교 수준의 기초 단어를 활용한 실용적인 표현들을 중심으로 소개합니다.

● 계획은 구체적으로 세워야 합니다

예를 들어 "매일 30분씩 영문법을 공부한다", "매일 영어회화 수업을 듣는다"는 계획만으로는 부족할 수 있습니다. 아래와 같이 장소와 시간을 연계한 구체적인 습관을 만드는 것이 훨씬 효과적입니다.

습관으로 만들기 쉬운 계획 세우기의 예

- 퇴근길에 자주 가는 카페에서 문법 공부하기
- 하루 일과 후 집에서 쉬고 난 뒤 책상에 앉아 인터넷 영어 강의 듣기
- 잠들기 전 소파나 침대에서 단어장을 소리 내어 읽기

2장

전치사 · 부사편

자주 사용되는 전치사와 부사의 이미지를
파악해두면, 숙어 암기가 훨씬 쉬워집니다.
3장의 동사 부분도 더 명확하게 이해할 수 있을
거예요. 왼쪽 페이지에서는 기본적인
의미를 정리하고, 그 이미지를 유지하면서
오른쪽 페이지에 있는 숙어까지 함께
외워봅시다.

at 점

at은 '점'으로 이해하면 된다. 이 전치사는 시간이나 장소뿐만 아니라, 대상이나 상태의 '지점'을 나타낼 때에도 사용되기 때문에 다양한 상황에서 폭넓게 쓰이는 표현이다.

시간·장소의 지점

● **at the station**
역에서
● **at 9:00 a.m.**
오전 9시에

> Don't worry, I'll be at the station at 9.00 a.m. to pick you up.
> 걱정하지 마, 내가 오전 9시에 역에 가서 널 데리러 갈게.

대상의 지점

● **be good at**
~을 잘하다

> I have to tell you, your brother is good at chess; he can beat me within a minute!
> 솔직히 말해야겠어, 네 남동생은 체스를 정말 잘해. 나를 1분 안에 이길 수 있어!

상태의 지점

● **make oneself at home**
편하게 있다

> Feel free to make yourself at home.
> 집처럼 편하게 계세요.

왈왈 메모 ✏️ 이런 상황에서도 at를 사용할 수 있다.

가격 Daiso sells various items at a low price.
다이소는 다양한 물품을 저렴한 가격에 판매한다.

속도 Most bullet trains operate at 100 kilometers per hour.
대부분의 고속 열차는 시속 100킬로미터로 운행된다.

온도 The weather in Boracay today is hot at 30 degrees Celsius.
오늘 보라카이의 날씨는 30도까지 올라가는 더운 날씨이다.

● 기억해야 할 at 숙어

at first	aim at	at a loss
처음에는	~을 목표로 하다	어쩔 줄 몰라서
at last	**look at**	**at work**
마침내	~을 보다	업무 중, 근무 중
at someone's convenience	**laugh at**	**at ease**
(누군가)의 편리한 때에	~을 보고 웃다, 비웃다	편안하게
at most	**be surprised at**	**at risk**
기껏해야	~에 놀라다	위험에 처한
at least	**arrive at**	**at first hand**
적어도, 최소한	~에 도착하다	직접적으로

on 접촉

on은 '접촉'으로 이해할 수 있다. 단순히 무언가의 위에 올라타 접촉하는 것을 나타낼 뿐만 아니라, 시간, 대상, 상태와의 접촉을 나타낼 때도 사용된다.

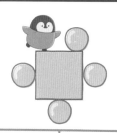

시간·장소와의 접촉	대상과의 접촉	상태와의 접촉

● **on Sunday**
일요일에

● **on the table**
책상 위에

● **rely on**
~에 의존하다

● **on sale**
할인 중인

The book is on the table, please get it for me.
책이 테이블 위에 있으니, 가져다 주세요.

I hate relying on others, but this time I need your help.
나는 다른 사람에게 의지하는 것을 싫어하지만, 이번만큼은 네 도움이 필요해.

Did you know the shoes are now on sale?
지금 그 신발이 세일 중인 거 알고 있었어?

알알 메모 ✏️ 이런 상황에서도 on을 사용할 수 있다.

천장에 What is made of glass and hung on the ceiling?
유리로 만들어져 천장에 매달려 있는 것은 무엇인가요?

측면 Put these on the right side. 대접 It's on me.
이것들을 오른쪽에 놓아주세요.   내가 살게.

● 기억해야 할 on 숙어

go on	**depend on**	**on a** diet
계속하다	~에 의존하다	다이어트 중인
work on	**live on**	**on purpose**
~에 대해 일하다	~로 살아가다	일부러, 고의로
on schedule	**try on**	**on the other hand**
일정대로, 예정대로	(옷 등을) 입어보다	반면에, 다른 한편으로는
on time	**on business**	**on the same page**
정시에	업무 차	같은 생각을 가진
on my way	**on duty**	**on the verge of**
가는 중, 오는 중	근무 중	막 ~하려는 참인

in ✦ 안

in은 '안'이라는 개념으로 이해하면 된다. 시간이나 장소라는 범위의 내부에 위치할 때 사용하는 전치사이다.

시간·장소의 안	대상의 안	상태의 안

시간·장소의 안

● **in June**
6월에
● **in the station**
역에서

His brother is in the station right now.
그의 형은 지금 역 안에 있다.

대상의 안

● **step in**
개입하다, 끼어들다

It looks like they are fighting. We should step in and break it up.
그들이 싸우고 있는 것 같아. 우리가 개입해서 말려야 해.

상태의 안

● **in trouble**
곤경에 처한

My friend's company has been in trouble due to the pandemic.
내 친구의 회사는 팬데믹으로 인해 어려움을 겪고 있다.

알알 메모 🖉 이런 상황에서도 in을 사용할 수 있다.

이후 I'll be there in an hour; you wait.

한 시간 후에 갈 테니, 너는 기다려.

의류 She really does look beautiful in that pink floral dress.

그녀는 그 핑크색 꽃무늬 드레스를 입어 정말 아름다워 보인다.

영역 There's always the spirit of competition in marketing.

마케팅에는 항상 경쟁의 정신이 존재한다.

● 기억해야 할 in 숙어

in Japan

일본에서

in English

영어로

turn in

제출하다, 자러 가다

in the morning

아침에

in the red

적자 상태인

come in

입장하다, 들어오다

in winter

겨울에

in a word

한마디로 말해서

break in

침입하다, 끼어들다

in order

순서대로, 정상적인 상태로

in my opinion

내 생각에는

specialize in

~을 전문으로 하다

in a hurry

서둘러, 급하게

in the long run

장기적으로, 결국에는

bring in

도입하다, 데려오다

off 분리

off는 '분리'로 이해하면 된다. 단순히 장소에서 떨어져 있는 것뿐 아니라, 시간이나 대상, 상태로부터 분리되는 경우에도 사용할 수 있다.

시간·장소로부터의 분리

● **day off**
쉬는 날, 휴일

● **off the table**
협상에서 제외된

You know what? You should take the day off, and you deserve it.

있잖아, 오늘 하루 쉬어도 돼. 너 그럴 자격 있어.

대상으로부터의 분리

● **put off**
연기하다, 미루다

Tom wants to put off the meeting until next week.

톰은 회의를 다음 주로 미루고 싶어 한다.

상태로부터의 분리

● **off the hook**
곤경에서 벗어난

Just when he thought he was off the hook, the gangsters found him.

그가 겨우 위기를 넘겼다고 생각했을 때, 갱스터들이 그를 찾아냈다.

알알 메모 📝 이런 상황에서도 **off**를 사용할 수 있다.

출발 Alright, I'm off to get some milk. I'll be back at night.

알겠어, 우유 사러 다녀올게. 밤에 돌아올 거야.

할인 Hear ye, hear ye! Old man Sheen has all of his items at fifty percent off!

들으시오, 들으시오! 시엔 할아버지의 모든 물건이 50% 할인 중이오!

● 기억해야 할 OFF 숙어

get off
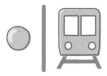
(버스나 전철)에서 내리다

give off

발산하다, 방출하다

take off

이륙하다, (옷 등을) 벗다

lay off
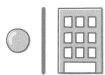
~을 해고하다, 그만두다

turn off

~을 끄다, 길을 벗어나다

call off

~을 중단하다, 취소하다

shut off

(기계, 수도 등) 중단하다

come off

분리되다, 성공하다

off the point

핵심에서 벗어난

keep off

~에 가까이 가지 않다

cut off

~을 끊다, 중단하다

off the mark

빗나간, 목표에서 벗어난

leave off

(일, 이야기 등)을 멈추다

see off

~를 배웅하다

off the record

비공식적으로

by 근접

by는 '근접'이라는 이미지로 이해하면 된다. 단순히 장소의 가까움뿐만 아니라, 시간과의 근접성, 수단이나 대상과의 밀접한 관련을 나타낼 때도 사용된다.

시간·장소와의 근접

● **by the window**
창가에

● **by tomorrow**
내일까지

That old man has been sitting by the window for days now.
저 노인은 며칠째 창가에 앉아 있다.

수단과의 근접

● **by bus**
버스로

● **by e-mail**
이메일로

Make sure you send your homework at 10 p.m. sharp by e-mail.
숙제는 반드시 밤 10시 정각에 이메일로 보내도록 해.

대상과의 근접

● **stand by**
~의 곁에 서다

Stand by that wall; I'll check your height.
벽 옆에 서 계세요. 키를 확인할게요.

알알 메모 이런 상황에서도 by를 사용할 수 있다.

단위 The fishmonger weighs his fish by the kilo.
어부는 생선을 킬로그램 단위로 무게를 잰다.

치수 The farm will be around 100 meters by 200 meters.
그 농장은 가로 100미터, 세로 200미터 정도가 될 것이다.

곱셈 나눗셈 If you multiply 2 by 2, you get 4.
2에 2를 곱하면 4가 된다.

차이점 Mayor Bob lost the election by only ten votes.
밥 시장은 단 10표 차이로 선거에서 패배했다.

● 기억해야 할 by 숙어

drop by ~에 잠깐 들르다	**by accident** 우연히, 실수로	**by day** 낮 동안에
pass by 지나가다, 스쳐 지나가다	**by nature** 본래, 본질적으로	**catch someone by the arm** (사람의) 팔을 붙잡다
by way of ~을 경유하여	**by any chance** 혹시, 어쩌면	**word by word** 한 단어씩
by means of ~을 통해서	**by law** 법에 따라, 법적으로	**little by little** 조금씩
by all means 무슨 일이 있어도	**by mistake** 실수로	**day by day** 날마다

전치사 · 부사편

99

out 밖으로

out은 '밖으로'라고 이해하면 된다. 단순히 '밖으로' 나가는 의미뿐 아니라, '밖으로 나가서 없어지다', '밖으로 끄집어내다'는 의미에서도 사용된다.

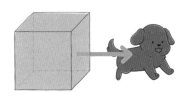

| 밖으로 나가다 | 없어지다 | 찾아내다·생각해내다 |

밖으로 나가다

eat out
외식하다

I'm out.
나 나갈게.

My boyfriend told me we should eat out today.
내 남자친구가 오늘은 외식하자고 말했다.

없어지다

run out of time
시간이 부족하다

We have to hurry or else we will run out of time.
서둘러야 해, 그렇지 않으면 시간이 부족해질 거야.

찾아내다·생각해내다

figure out
이해하다

I'm trying to figure out if my answers were wrong.
내 답이 틀렸는지 알아보려고 하고 있어.

알알 메모

out에 of를 붙이면 out of(~에서 밖으로)가 된다. 이 형태로도 자주 쓰인다.

● 기억해야 할 out 숙어

Get out!

나가!

watch out

주의하다

out of order

고장난, 작동하지 않는

turn out

결과적으로 ~이 되다,
나타나다, (불 등을) 끄다

point out

~을 가리키다, 지적하다

out of date

구식의, 시대에 뒤떨어진

break out

(갑자기) 나타나다, 터지다

carry out

~을 실행하다, 수행하다

out of control

통제할 수 없는

hand out

~을 나누어주다, 배포하다

sold out

매진된

out of the blue

갑자기, 느닷없이

stand out

눈에 띄다, 두드러지다

hang out

(친구들과) 시간을 보내다

stay out of

~에 관여하지 않다

over 넘다

over는 '넘다'라고 이해하면 된다. 장소뿐만 아니라 시간이나 대상도 넘을 수 있으며, 무언가를 덮을 때에도 사용된다.

시간·장소를 넘다	대상을 넘다	덮다

● **over the bridge**
다리를 건너서

● **over the weekend**
주말에 걸쳐서

● **jump over**
~을 뛰어넘다

● **look over**
~을 살펴보다,
~을 통해 보다

● **cover over**
~을 가리다

Mike went skydiving over the weekend.
마이크는 주말 동안 스카이다이빙을 했다.

I looked over my shoulders and saw a guy staring at me.
나는 어깨 너머로 뒤를 돌아봤는데, 한 남자가 나를 쳐다보고 있었다.

She put a cover over her car.
그녀는 차에 덮개를 씌웠다.

알알 메모 🖉 이런 상황에서도 over를 사용할 수 있다.

하면서 How about we discuss this over coffee?

이것에 대해 커피 마시면서 이야기하는 게 어때?

종료 The test is over.

시험이 끝났다.

get over	run over	over the speed limit

~을 극복하다, 회복하다	(차 등이) ~을 치고 지나가다	속도 제한을 초과하여
take over	hung over	over the phone

(업무, 책임 등을) 인수하다	숙취 상태의, 숙취가 있는	전화로
turn over	trip over	all over

~을 뒤집다, 양도하다	~에 걸려 넘어지다	사방에, 완전히 끝난
hold over	over the hill	over there

~을 연기하다, 연장하다	전성기가 지난, 한물간	저쪽에
hand over	over the moon	over here

~을 넘겨주다, 양도하다	매우 기쁜, 기쁨에 겨운	이쪽에

전치사 · 부사편

103

under 🐾 아래, 덮여 있다

under는 '아래', 무엇인가에 '덮여 있다'는 이미지로 이해하면 된다. 사물뿐만 아니라 영향이나 수치의 아래를 나타낼 때에도 사용할 수 있다.

사물의 아래

● **under the tree**
나무 아래

● **under the cover**
커버 아래

Mia and her friends picnicked under the tree, facing the sea.
미아와 그녀의 친구들은 바다를 바라보며 나무 아래에서 피크닉을 즐겼다.

영향의 아래

● **under stress**
스트레스를 받아

● **under control**
통제되고 있는

We need to bring this ship under control, or we might crash into an iceberg!
이 배를 통제하지 않으면 빙산에 부딪칠 수도 있어!

수치의 아래

● **20 years old or under**
20세 이하

20세

People 20 years old or under can't enter this establishment.
20세 이하의 사람들은 이 시설에 들어갈 수 없다.

왈왈 메모 🖊 이런 상황에서도 under를 사용할 수 있다.

나이 Underage people could not buy alcohol and smoke.
미성년자들은 술을 사거나 담배를 피울 수 없다.

조건 Chinny could not go out with us since he was feeling under the weather.
치니는 몸이 좀 안 좋아서 우리랑 같이 나가지 못했다.

영향 The driver was arrested for driving under the influence of alcohol.
그 운전자는 음주 운전으로 체포되었다.

go under

가라앉다, 파산하다

under the circumstances

그런 상황에서는

under the gun

촉박한 상황에 처한

come under

~의 영향을 받다, 해당되다

under the law

법에 따라, 법률상으로

under wraps

비밀에 부쳐진

take someone under one's wing

(사람을) 돌보다, 보호하다

under way

진행 중인

under the skin

피부 아래에, 내면 깊숙이

under construction

공사 중인

under repair

수리 중인

water under the bridge

이미 지나간 일

under consideration

고려 중인, 심사 중인

under arrest

체포된 상태인

under the table

비밀리에, 불법적으로

전치사 · 부사편

above / below
🐾 기준선의 위와 아래

above / below는 기준선의 위와 아래라고 이해하면 사용법을 쉽게 익힐 수 있다. 기준선의 연장선으로서 눈에 보이는 선이나 위치의 위아래를 나타낼 때에도 사용할 수 있다.

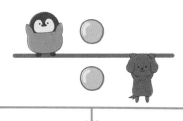

기준선의 위와 아래	보이는 선의 위와 아래	위치상의 위와 아래

● **above** average
평균 이상

● **below** budget
예산 이하로

● **above** sea level
해수면 위

● **below** the horizon
지평선 아래

● mentioned **below**
아래에 언급된

That man's performance is way <u>above average</u>.
저 남자의 성과는 평균을 훨씬 뛰어넘는다.

A terrain is counted as a mountain if its height is 180m <u>above sea level</u>.
지형은 높이가 해발 180미터 이상이면 산으로 간주된다.

Please follow the instructions <u>mentioned below</u>.
아래에 언급된 지침을 따라 주세요.

We should definitely go on this trip. It is <u>below our budget</u>.
우리 꼭 이 여행 가야 해. 이건 우리 예산보다 적게 들어.

The ship sailed 'til it disappeared <u>below the horizon</u>.
그 배는 수평선 아래로 사라질 때까지 항해했다.

● 이하 · 미만 · 이상 · 초과 표현

이하 : (숫자) + or under, (숫자) + or below, (숫자) + or less

예 You must be 10 or under to receive a free meal.
무료 식사를 받으려면 반드시 10세 이하이어야 한다.

미만 : under + (숫자), below + (숫자), less than + (숫자)

예 Children under 3 are allowed to enter the playpen.
3세 미만의 어린이만 놀이방에 들어갈 수 있다.

이상 : (숫자) + or above, (숫자) + or over, (숫자) + or more

예 We only allow those who are 50 inches or above.
키가 50인치 이상인 사람만 입장할 수 있다.

초과 : above + (숫자), over + (숫자), more than + (숫자)

예 You can only join this competition if you are above 10 years old.
10세 초과일 경우에만 이 대회에 참가할 수 있다.

알알 메모 🖊 이런 상황에서도 above / below를 사용할 수 있다.

무엇보다 "The hostages should be safe above all else," said the police chief.
"인질들의 안전이 무엇보다 중요하다,"라고 경찰서장이 말했다.

비겁 Tom doesn't like fighting below the belt.
톰은 비열한 싸움을 좋아하지 않는다.

영하 Antarctica is one of the places where the temperature is
below the freezing point.
남극은 온도가 어는 점 이하로 내려가는 곳 중 하나이다.

up 위

up은 '위'로 이해하면 된다. 한계까지 올라가는 경우나, 가까이 다가와서 (위로 올라와) 보이게 되는 상황 등에서도 up이 사용된다.

위에·올라가다	한계까지 오르다	다가오다

● **look up to**
~을 존중하다

● **climb up**
(~을) 등반하다

Climb up the stairs carefully, okay?

계단을 조심해서 올라가, 알겠지?

● **give up**
(~을) 포기하다

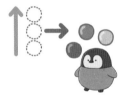

I may be beaten up, but I will not give up!

내가 맞을 수는 있지만, 포기하지는 않을 거야!

● **show up**
나타나다

Jane will be at the foot of the mountain, so be sure to show up on time.

제인은 산 아래에 있을 거니까, 늦지 말고 꼭 와.

알알 메모 ✏ 이런 상황에서도 up을 사용할 수 있다.

종료 Time is up.
시간이 다 됐다.

나타냄 What's up?
요즘 어때? 😊 인사로 사용하는 경우도 있다.

완료 I didn't cheat in the exams! Someone must have set me up!
나 시험에서 부정행위 안 했어! 누군가 날 함정에 빠뜨린 게 분명해!

● 기억해야 할 up 숙어

go up

상승하다, 증가하다

stay up

늦게까지 깨어 있다

clean up

(~을) 청소하다, 정리하다

bring up

(화제를) 꺼내다,
(아이를) 양육하다

grow up

성장하다, 어른이 되다

eat up

~을 다 먹다, 깨끗이 먹다

keep up

~을 유지하다, 계속하다

thumbs-up

좋아요, 엄지 척

build up

~을 쌓아 올리다, 강화하다

pick up

~을 집어 들다,
차로 데리러 가다

make up

~을 구성하다, 지어내다,
화해하다, 화장하다

catch up with

~을 따라잡다

wake up

잠에서 깨다, 정신을 차리다

stand up

일어서다

keep up with

~을 따라가다

down 아래

down은 '아래'로 이해하면 된다. 단순히 아래로 가는 것뿐만 아니라 낮은 상태로 가거나, 멀어져서 보이지 않게 되는 상황에서도 down을 사용할 수 있다.

아래로·내려가다	낮은 상태로	멀어지다

아래로·내려가다

● **look down on**
~을 경멸하다, 얕보다

● **fall down**
떨어지다

The law of gravity was discovered after Issac Newton saw an apple fall down.
아이작 뉴턴이 사과가 떨어지는 것을 본 후 중력의 법칙을 발견했다.

낮은 상태로

● **calm down**
진정하다

Calm down. The giant isn't going to find us.
진정해. 거인은 우리를 찾지 못할 거야.

멀어지다

● **go down**
내려가다

Go down this street and turn right.
이 길을 따라 내려가서 오른쪽으로 도세요.

😊 down에는 up의 '다가간다'와 반대로 '떠난다'는 의미가 있으며, 경사가 없는 경우에도 go down을 사용할 수 있다. 예문에서는 '(여기서) 떨어져 나간다'는 의미로 쓰이고 있다.

알알 메모 이런 상황에서도 down을 사용할 수 있다.

뿌리를 내림 Harper is such a down-to-earth guy.
하퍼는 정말 현실적인 사람이다.

낙담하다 Don't let me down.
나를 실망시키지 마.

아래로 The nail that sticks out gets hammered down.
튀어나온 못은 망치질을 당한다.

● 기억해야 할 down 숙어

turn **down**	lie **down**	narrow **down**

~을 거절하다, 낮추다	눕다	~을 좁히다, 줄이다
hold **down**	lay **down**	feel **down**

~을 억누르다, 억제하다	~을 눕히다, 내려놓다	기분이 우울하다
step **down**	shut **down**	break **down**
	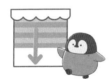	
(직위에서) 물러나다	~을 종료하다, 폐쇄하다	고장 나다
cut **down**	take **down** a note	get **down** to

~을 베다, 줄이다	메모를 하다, 적어두다	~에 본격적으로 착수하다, ~에 집중하다
sit **down**	tear **down**	**down** to the wire
	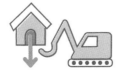	
앉다	~을 허물다, 깎아내리다	마지막 순간까지

beyond 🐾 넘어가다

beyond는 '넘어가다'라고 이해하면 된다. 미치지 못하는 곳을 넘어가거나, 한계를 넘는 경우에도 사용할 수 있다.

저 너머로 넘어가다

● **to infinity and beyond**
끝없는 저 너머로

● **beyond the mountain**
산 너머로

도달할 수 없는 곳을 넘어가다

● **beyond** me
나의 능력 밖의

한계를 넘어가다

● **beyond the** limit
한계를 넘어서

The village you are looking for is <u>beyond the mountain</u>.
네가 찾고 있는 마을은 산 너머에 있다.

It's too complicated. It's <u>beyond me</u>.
그건 너무 복잡해. 난 도저히 이해 못 하겠어.

We should push ourselves and go <u>beyond the limit</u>.
우리는 스스로를 밀어붙여 한계를 넘어서야 해.

알알 메모 ✏ 이런 상황에서도 beyond를 사용할 수 있다.

훨씬 더 Jane likes to go above and beyond when it comes to achieving her goals.
제인은 목표를 달성할 때 항상 최선을 다하고 그 이상을 추구하는 것을 좋아한다.

먼저 Ethan paused and told Anna to look beyond.
이든은 잠시 멈추고 안나에게 더 멀리 보라고 말했다.

이후 I think the country will grow from 2021 and beyond.
나는 그 나라가 2021년 이후로 계속 성장할 것이라고 생각한다.

beyond belief	**beyond** question	**beyond** the reach of

믿을 수 없을 정도로	의심의 여지가 없는	~의 손이 닿지 않는
beyond description	**beyond** suspicion	**beyond** someone's imagination

말로 다 표현할 수 없는	의심할 여지가 없는	누군가의 상상력을 초월하는
beyond words	**beyond** the scope of	**beyond** the sea
		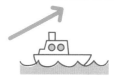
말로 표현할 수 없는	~의 한계를 넘어서는	바다 너머에
beyond comparison	**beyond** human knowledge	far **beyond** sight

비교할 수 없을 정도로	인간의 지식을 초월하는	시야를 훨씬 넘어
beyond control	**beyond** recognition	go far **beyond**

통제 불가능한	알아볼 수 없을 정도로	~을 훨씬 넘어서다

전치사 · 부사편

across 🐾 가로지르다

across는 '가로지르다'로 이해하면 된다. 장소뿐만 아니라 사람이나 사물을 가로질러 지나거나, 생각이 머릿속을 스치듯 떠오를 때에도 사용할 수 있다.

| 장소를 가로지르다 | 사람·사물을 가로지르다 | 생각에 잠기다 |

● **across the road**
길을 가로질러

● **run across**
~를 우연히 만나다

● **come across**
(생각 등이) 떠오르다

We had to go across the road to reach the shop.
가게에 가기 위해 우리는 길을 건너야 했다.

Leo ran across Olivia on the streets while he was on a jog.
레오는 조깅을 하다가 길에서 올리비아를 우연히 만났다.

A good idea came across my mind.
좋은 아이디어가 떠올랐어.

알알 메모 🖊 이런 상황에서도 across를 사용할 수 있다.

맞은편 My mom told me to sit across the table.

우리 엄마는 나에게 식탁 맞은편에 앉으라고 하셨다.

맞은편 Max told me that the ball was right across the room.

맥스는 나에게 그 공이 방 건너편에 있다고 말했다.

넘어서 The technology has changed across generations.

기술은 세대를 거쳐 변화해 왔다.

● 기억해야 할 across 숙어

go across

~을 건너다, 가로질러 가다

put across

~을 명확하게 전달하다,
효과적으로 설명하다

across from

~의 맞은편에

walk across

~을 걸어서 건너다

get across

~을 이해시키다, 전달하다

across cultures

문화 간에

jump across

~을 뛰어 건너다

spread across

~에 걸쳐 퍼지다, 확산되다

across country
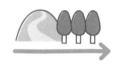
전국을 가로질러

swim across

~을 수영해서 건너다

cut across

~을 가로질러 가다

across the country

전국적으로

reach across
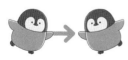
~을 넘어서 도달하다
~에 걸쳐 영향을 미치다

stumble across

~을 우연히 발견하다

across the board

전반적으로

115

along  ~을 따라

along은 '~을 따라'라는 이미지로 이해하면 된다. 단순히 장소를 따라가는 의미뿐 아니라, 사람이나 사물, 생각에 따르는 경우에도 사용할 수 있다.

장소를 따라	사람·사물을 따라	생각을 따라
along the street 길을 따라	**get along** with (사람)과 친해지다	**along** the lines of ~와 유사한, ~의 방식으로

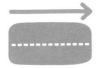  

Ava rode a bike along the street.
에이바는 길을 따라 자전거를 탔다.

Everyone in class gets along with the professor.
반의 모든 학생들이 교수님과 잘 지낸다.

The client wanted something along the lines of poetry.
그 의뢰인은 시적인 느낌의 무언가를 원했다.

알알 메모 ✏️ 이런 상황에서도 along을 사용할 수 있다.

도중에 Can you grab some almond milk along the way?

가는 길에 아몬드 밀크 좀 사다 줄 수 있어?

동행 I went along for the ride since it seemed fun.

재미있어 보여서 그냥 같이 따라갔어.

진행 Move along, please.

앞으로 이동해 주세요.

전
치
사
·
부
사
편

along with

~와 함께, ~에 더하여

come along

나타나다, 진행되다

bring along

~을 데려오다, 가지고 오다

go along with

~을 따르다, ~에 동의하다

pass along

~을 전달하다, 넘겨주다

all along

처음부터 줄곧, 내내

tag along

따라가다, 졸졸 따라다니다

talk along

~을 따라 말하다

all along the line

전반에 걸쳐,
모든 면에서

play along with

~에 맞춰 협조하다

inch along

아주 천천히 나아가다

along the wall

벽을 따라

sing along to

~에 맞춰 따라 부르다

walk along

~을 따라 걷다

along the beach

해변을 따라

through 🐾 통과하다

through는 '통과하다'라는 이미지로 이해하면 된다. 단순히 장소를 통과하는 것뿐만 아니라, 시간이나 경험, 어떤 일을 거쳐 지나가는 상황에서도 사용된다.

시간·장소를 통과하다	경험을 통과하다	사이에 두고 통과하다

● **through the door**
문을 통과해서

● **through the night**
밤새도록

● **through to the end**
끝까지, 마지막까지

● **through our friend**
우리 친구 덕분에

> Through the night, I find myself relaxed with a warm drink.
>
> 밤새도록, 나는 따뜻한 음료와 함께 마음이 편안해지는 것을 느낀다.

> Watching it through to the end, the movie was pretty good.
>
> 끝까지 다 보고 나니, 그 영화는 꽤 괜찮았다.

> Through our friend, we were able to enter the store.
>
> 우리 친구 덕분에 우리는 그 가게에 들어갈 수 있었다.

알알 메모 🖊 이런 상황에서도 through를 사용할 수 있다.

경험 For the past week, my brother has been through a lot.

지난 한 주 동안 내 남동생은 많은 일을 겪었다.

종료 After all this time of loving you, we are through!

이렇게 오랜 시간 널 사랑했는데, 우리 이제 끝이야!

통행 Excuse me, coming through.

실례합니다. 지나가겠습니다.

● 기억해야 할 through 숙어

go through

~을 통과하다, 경험하다

break through

~을 뚫고 나가다, 극복하다

flow through ~ to …

~을 거쳐 …로 가다

get through

~을 통과하다, 이겨내다

cut through

~을 가로질로 지나가다, 뚫고 나가다

half way through

~의 중간쯤에

put through

~를 연결해 주다

make it through

~을 이겨내다, 겪게 하다

straight through

단번에, 쉬지 않고

fall through

실패하다, 무산되다

drive through

~을 차를 타고 통과하다

through the year
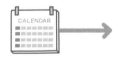
일 년 내내

run through

~을 통과하다, 빠르게 훑다

look through

~을 훑어보다, 살펴보다

through an interpreter

통역을 통해

with 🐾 함께

with는 '함께'로 이해하면 된다. 사람뿐만 아니라, 수단, 상태, 원인 등을 함께할 때에도 사용할 수 있다.

사람·상대와 함께	소유·수단과 함께	모습·원인과 함께

● argue with
~와 논의하다

● girl with long hair
긴 머리를 가진 소녀

● with ease
쉽게, 수월하게

● with my friend
친구와 함께

● with a knife
칼로

● with cold
추운 날씨에

I went to school with my friend on the same bus.
나는 같은 버스를 타고 친구와 함께 학교에 갔다.

Crush the garlic with a knife.
마늘을 칼로 으깨세요.

I can now breathe with ease.
이제 편안하게 숨 쉴 수 있다.

알알 메모 🖊 이런 상황에서도 with를 사용할 수 있다.

따라가다 Are you with me?

나와 함께 할 거야?

하면서 The man greeted me with his arms crossed.

그 남자는 팔짱을 낀 채 나를 맞이했다.

😊 with O C로 'O를 C하면서'라는 뜻으로 사용할 수 있다.

● 기억해야 할 with 숙어

agree with	deal with	with care

~에 동의하다	~을 다루다, 처리하다	신중하게, 조심스럽게

correspond with	be familiar with	be satisfied with

~와 서신을 주고받다, ~와 일치하다	~에 익숙하다, ~을 잘 알고 있다	~에 만족하다

go with	equip A with B	with a credit card

~와 어울리다, 함께 가다	A에게 B를 갖추어 주다	신용카드로

get along with	provide A with B	with fear

~와 사이좋게 지내다	A에게 B를 제공하다	두려워하며

coffee with sugar	compare A with B	with difficulty
설탕을 넣은 커피	A와 B를 비교하다	어렵게, 힘겹게, 간신히

# of 소속·분리

of는 '소속'과 '분리'로 이해하면 된다. 단순히 조직에 속하는 것뿐만 아니라, 대상이나 원인으로서의 소속, 그리고 재료나 양의 일부를 나타내는 분리의 의미로도 사용된다.

조직·성격에 대한 소속	대상·원인으로서의 소속	재료·분량의 분리

● **one of my friends**
친구 중 한 명

● **person of courage**
용기있는 사람

● **be aware of**
~에 대해 알고 있다

● **die of cancer**
암으로 죽다

● **a cup of coffee**
커피 1잔

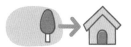
● **be made of**
~로 만들어지다

We need a <u>person of courage</u> to lead us to victory!
우리를 승리로 이끌어 줄 용기 있는 사람이 필요해!

Are you <u>aware of</u> Mia's pancreatic cancer?
미아가 췌장암에 걸린 것을 알고 있니?

This structure was entirely <u>made of</u> steel.
이 구조물은 완전히 강철로 만들어졌다.

알알 메모 이런 상황에서도 of를 사용할 수 있다.

단위 I had a bunch of grapes before coming here.
여기 오기 전에 포도를 한 송이 먹었어.

종류 The shop is now popular because of word-of-mouth type of advertising.
그 가게는 구전 광고 덕분에 이제 인기가 많아졌다.

성격 That's very kind of you. 정말 친절하네요.

● 기억해야 할 of 숙어

piece of cake

식은 죽 먹기, 아주 쉬운 일

consist of

~로 구성되다

be afraid of

~을 두려워하다

beginning of

~의 시작

rob A of B

A에게서 B를 빼앗다

be tired of

~에 지치다, ~이 지겹다

in terms of

~의 관점에서

inform A of B

A에게 B를 알리다

think of

~에 대해 생각하다

first of all

무엇보다도 먼저, 우선

remind A of B

A에게 B를 상기시키다

at the cost of

~의 값을 치르고,
~을 희생하면서

dispose of

~을 처분하다, 버리다

suspect A of B

A를 B의 혐의로 의심하다

at the risk of

~의 위험을 무릅쓰고

about, around 주변

about는 추상적으로 주변을 감싸는 느낌이고, around는 실제로 주위를 도는 구체적인 움직임을 나타낸다. 시간, 장소, 대상 등의 주변을 표현할 때 이 차이를 기억하면 된다.

about

around

시간·장소 주변

● **about 9:00 a.m.**
오전 9시경

● **around the office**
사무실 주변

I used to wake up around 7:00 a.m. for classes; now I wake up at about 8:30 a.m.
나는 예전에 수업 때문에 오전 7시쯤 일어났는데, 이제는 8시 30분쯤 일어난다.

숫자 주변(나이, 금액 등)

● **about the same age**
거의 같은 나이의, 또래의

● **around $1,000**
1,000달러 정도

Wow! Your brother is about the same age as me!
와! 네 남동생이 나랑 나이가 비슷하네!

화제 등 대상 주변

● **talk about**
~에 대해 이야기하다

What are you talking about?
무슨 말을 하는 거야?

알알 메모 🖊 이런 상황에서도 about을 사용할 수 있다.

그때쯤 I'm about to meet my friend who went to Italy in June.
나는 6월에 이탈리아에 갔던 친구를 곧 만날 예정이다.

모습 How about you?   너는 어때?

제안 How about having lunch together?
같이 점심 먹는 게 어때?

전치사 · 부사편

worry **about**	hear **about**	beat **around** **the** bush

~에 대해 걱정하다	~에 대해 듣다	돌려 말하다
feel sorry **about**	ask **about**	go **around**

~에 대해 안타깝게 여기다	~에 대해 묻다	~을 돌아다니다, 배회하다
bring **about**	**about** time	walk **around**

~을 초래하다, 야기하다	이제야 ~할 때다	(~을) 이리저리 걷다
come **about**	**around** the corner	look **around**

일어나다, 발생하다	모퉁이를 돌면, 임박한, 곧 닥친	(~을) 둘러보다
book **about**	turn **around**	**around** the world
~에 관한 책	돌아서다, 방향을 바꾸다	전 세계적으로

to ❀ 도달점

to는 '도달점'으로 이해하면 된다. 장소나 시간뿐만 아니라, 목적이나 대상, 비교의 도달점을 나타낼 때에도 사용할 수 있다.

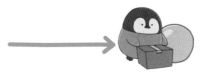

시간·장소의 도달점	목적·대상의 도달점	비교의 도달점

● **to 9:00 a.m.**
오전 9시까지

● **to Tokyo**
도쿄로

● **listen to**
~에 귀를 기울이다

● **introduce A to B**
A를 B에 소개하다

● **prefer A to B**
B보다 A를 선호하다

● **be superior to B**
B보다 상위에 있다

I'll be hanging around that area from 6.00 p.m. to 7.00 p.m.
나는 오후 6시부터 7시까지 그 지역에서 돌아다닐 거야.

I can't wait to introduce Alice to Tom!
톰에게 앨리스를 소개해 주고 싶어서 못 기다리겠어!

She is superior to her co-workers since her boss promoted her recently.
그녀는 상사가 최근에 승진시켜서 동료들보다 우위에 있다.

알알 메모 🖉 이런 상황에서도 to를 사용할 수 있다.

변화 When we saw the tiger, things turned from bad to worse.
우리가 호랑이를 봤을 때, 상황이 나빠지더니 더 심각해졌다.

범위 Most carry-on luggage is up to 7kg.
대부분의 기내 반입 수하물은 최대 7kg이다.

비율 I won by two to one against my brother.
나는 남동생을 상대로 2대 1로 이겼다.

● 기억해야 할 to 숙어

talk to

~와 대화하다,
~에게 말을 걸다

come to

~에 이르다, 도달하다,
의식을 회복하다

dance to music

음악에 맞춰 춤을 추다

lead to

~로 이어지다
~의 결과를 낳다

attach to

~에 붙이다,
~에 첨부하다

answer to a question

질문에 대한 대답

belong to

~에 속하다, ~의 소유이다

stick to

~에 달라붙다, ~을 지키다

to some extent

어느 정도는, 다소

be known to

~에게 알려져 있다

connect A to B

A를 B에 연결하다

prior to

~에 앞서, ~보다 먼저

look up to

~를 존경하다

look forward to

~을 고대하다, 기대하다

be senior to

~보다 나이가 많다

전치사 · 부사편

127

from 출발점

from은 '출발점'으로 이해하면 된다. 장소나 시간뿐만 아니라, 분리나 구분, 원인이나 출처의 출발점을 나타낼 때에도 사용할 수 있다.

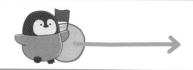

시간·장소의 출발점

● **from 9:00 a.m.**
9시부터

● **from Tokyo**
도쿄에서

My brother will be traveling <u>from</u> Seoul to Australia this weekend.

내 남동생은 이번 주말에 서울에서 호주로 여행할 것이다.

분리·구분의 출발점

● **tell A from B**
A와 B를 구분하다

● **refrain from**
~하는 것을 삼가다

I can't seem to tell Bill <u>from</u> Bob; they both look the same!

빌이랑 밥을 구분할 수가 없어. 둘 다 똑같이 생겼어!

원인·출처의 출발점

● **be tired from**
~해서 피곤하다

● **quotation from**
~로부터의 인용

I read a magazine with a quotation <u>from</u> Shakespeare.

나는 셰익스피어의 인용구가 있는 잡지를 읽었다.

알알 메모 ✎ 이런 상황에서도 from을 사용할 수 있다.

변화 Hey! Can you help me translate this from English to Korean?

안녕! 이것을 영어에서 한국어로 번역하는 걸 도와줄 수 있어?

차감공제 Gross profit is calculated by subtracting the cost of goods sold from revenue.

매출총이익은 매출에서 매출원가를 뺀 값으로 계산된다.

범위 From day one until now, you still haven't started studying?

첫날부터 지금까지 너 아직도 공부 시작 안 했어?

● 기억해야 할 from 숙어

from my point of view

내 관점에서는

prevent A from B

A가 B하지 못하게 막다

different from

~와 다르다

from scratch

맨바닥에서부터

deduct A from B

A를 B에서 빼다, 공제하다

from country to country

나라마다, 나라별로

from now on

지금부터는, 앞으로는

suffer from

~로 고통받다, 시달리다

keep away from/ stay away from

~에 가까이 가지 않다, ~을 피하다

result from

~로 인해 발생하다

come from

~에서 오다, ~출신이다

get away from

~로부터 벗어나다, 떠나다

prohibit A from B

A가 B하는 것을 금지하다

be made from

~로 만들어지다

far from

~와는 거리가 먼

for 🐾 방향

for는 '방향'으로 이해하면 된다. 단순한 장소뿐만 아니라 교환의 대상, 범위나 기간 등으로 의식이 향할 때도 사용할 수 있다.

대상·장소로 향하는 방향	교환 대상의 방향	범위·기간의 방향
● **bound for** ~로 향하는	● **exchange A for B** A와 B를 교환하다	● **for two years** 2년간

● **present for** ~을 위한 선물	● **pay A for B** A를 B의 대가로 지불하다	● **for his age** 그의 나이에 비해서

Who are you buying that present for?
누구를 위해 선물을 구매하시나요?

She paid $100 for the sparkling ruby necklace.
그녀는 반짝이는 루비 목걸이에 100달러를 지불했다.

He looks wrinkly for his age.
그는 나이에 비해 주름이 많아 보인다.

알알 메모 🖊 이런 상황에서도 for를 사용할 수 있다.

~에게는 Does it work for you? 그거 너한테 잘 맞나요?

매장 내 음식 For here or to go?

여기서 드실 건가요, 아니면 포장하시나요?

이유 This shop is famous for its exquisite chocolate, made with high quality cocoa beans.

이 가게는 고급 코코아 원두로 만든 정교한 초콜릿으로 유명하다.

● 기억해야 할 for 숙어

look for	be responsible for	Thank you for

~을 찾다, ~을 구하다	~에 책임이 있다	~에 대해 감사하다

wait for	go for	value for money

~을 기다리다	~을 하러 가다, 선택하다, 시도하다	가격 대비 가치

ask for	call for	for a while
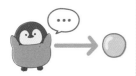		
~을 요청하다, 부탁하다	~을 요구하다, 필요로 하다	잠시 동안, 한동안

prepare for	substitute for	for your information
	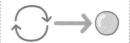	
~을 준비하다	~을 대신하다, ~의 대체물이 되다	참고로 말하자면

fall for	for free	For real?

~에게 반하다	무료로, 공짜로	진짜야?, 정말이야?

against  ~에 반해서

against는 '~에 반해서' 또는 '반대 방향'을 의미한다고 이해하면 된다. 장소뿐 아니라 규칙, 의지, 환경 등에 반대하거나 거스르는 상황에서도 사용된다.

장소·배경에 반해서

● **lean against**
~에 기대다

● **against the blue sky**
푸른 하늘을 배경으로

That picture looks perfect <u>against</u> the blue sky!
그 그림이 파란 하늘을 배경으로 정말 멋져 보여!

규칙·의지에 반해서

● **against the rule**
규칙에 어긋나는

● **against someone's will**
누군가의 의사에 반하여

They had him locked up <u>against</u> his will.
그들은 그의 의사에 반하여 그를 감금했다.

환경에 반해서

● **against the cold winter**
추운 겨울을 대비하여

During their expedition to Mount Everest, many hikers had to fight <u>against</u> the cold wind.
에베레스트 산을 탐험하는 동안 많은 등산객들은 차가운 바람과 싸워야 했다.

알알 메모 ✏️ 이런 상황에서도 against를 사용할 수 있다.

반대 Are you for or against?   찬성이야, 아니면 반대야?

환율 Can someone give me the value of won against dollar?
누군가 원과 달러의 환율을 알려줄 수 있나요?

소송 She will file a lawsuit against that company because they did not refund her.
그녀는 그 회사가 환불해주지 않았기 때문에 소송을 제기할 것이다.

● 기억해야 할 against 숙어

against the law	against a rainy day	go against

불법적인, 법에 어긋나는	만일의 사태에 대비하여	~에 반대하다, 위배되다
against the wind	**against a contract**	**fight against**

역경에 맞서, 바람을 거슬러	계약에 위반되어	~에 맞서 싸우다
against the clock	**against the background of**	**swim against the current**
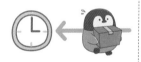		
시간에 쫓기듯이, 빠르게	~을 배경으로 하여	물살을 거슬러 헤엄치다
vaccination against	**work against**	**turn against**

~에 대한 예방 접종	~에 맞서 일하다	~에게 등을 돌리다, ~에 적대적으로 변하다
prejudice against	**vote against**	**stand against**

~에 대한 편견	~에 반대하여 투표하다	~에 반대하다, 저항하다

after  ~뒤에, ~후에

after는 '~뒤에, ~후에'라는 의미로 이해하면 된다. 사람이나 사물뿐 아니라, 시간이나 사건의 뒤를 나타낼 때에도 사용된다.

시간 뒤에	사람·사물의 뒤에	사건 이후
● **after 10 minutes** 10분 후	● **Please repeat after me.** 저를 따라 말해 보세요. ● **after the post office** (길 안내로) 우체국을 지나면	● **after class** 방과 후

ABC

Alicia, can you turn off the TV after 10 minutes?
앨리샤, 10분 후에 TV를 꺼줄래?

Take a left turn after the post office to reach our house.
우체국을 지나서 왼쪽으로 돌면 우리 집에 도착할 수 있어.

Can we go to the arcade after class?
수업 끝나고 오락실에 갈 수 있을까?

알알 메모 🖉 이런 상황에서도 after를 사용할 수 있다.

양보 After you. 먼저 가세요.

차례로 The students kept asking random questions one after another.

학생들이 끊임없이 무작위로 질문을 계속 던졌다.

차감 후 Mao's company announced a profit of $800 million after tax

this quarter.

마오의 회사는 이번 분기에 세후 8억 달러의 이익을 발표했다.

● 기억해야 할 after 숙어

go after

~을 뒤쫓다, 추격하다

inquire after

~의 안부를 묻다

after all

결국에는, 어쨌든

come after

~의 뒤를 잇다, ~을 뒤쫓다

take after

~를 닮다

after a while

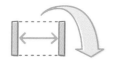

잠시 후에

run after

~를 뒤쫓다, ~에 열중하다

name A after B

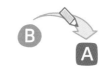

A에게 B의 이름을 붙이다

after that

그 후에, 그 다음에

look after

~을 돌보다, 보살피다

model after

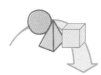

~을 본떠 만들다

day after day

매일매일, 날마다

seek after

~을 찾다, 추구하다

soon after

곧이어, 얼마 지나지 않아

the day after

그다음 날, ~한 다음 날

'~까지'와 '근접성'을 나타내는 by의 사용법

by에는 '시간이나 장소와의 근접'이라는 의미가 있다(98페이지 참조). 시간의 경우 '~까지', 장소의 경우 '~의 근처'를 나타내지만, 각각 우리말 번역이 같은 until과 near와는 어떤 차이가 있을까? 뉘앙스와 의미의 차이를 알아보자.

● '~까지'를 나타내는 by와 until

◎ by는 단순히 '~까지'라는 시점을 나타내는 전치사이고, until은 어떤 동작이나 상태가 '그 시점까지 계속 이어짐'을 나타내는 전치사이다.

예 By 5 pm, you should have finished your work and gone home.

오후 5시까지는 일을 끝내고 집에 갔어야 한다.

예 Our seniors have to do overtime work until 11 pm today.

오늘 우리 선배들은 오후 11시까지 야근을 해야 한다.

● '근접성'을 나타내는 by와 near

◎ 공원까지의 거리를 표현할 때, 전치사 by는 아이들이 노는 소리가 들릴 만큼 지각 가능한 아주 가까운 거리를 의미한다. 반면 전치사 near는 공원까지 걸어서 10분 정도 거리처럼, 감각적으로 가까운 느낌을 표현할 때 사용된다.

예 Tom always jogs by the river.

톰은 항상 강가에서 조깅을 한다.

예 Our house is near the park.

우리 집은 공원 근처에 있다.

be동사 + 전치사·부사

be동사는 주어가 무엇인지, 주어가 어떤 상태인지 등을 연결하는 역할을 한다. 2장에서 배운 전치사, 부사와 함께 사용하면 다음과 같은 의미를 가진다. 일상 회화에서 자주 쓰이므로 꼭 기억해 두자.

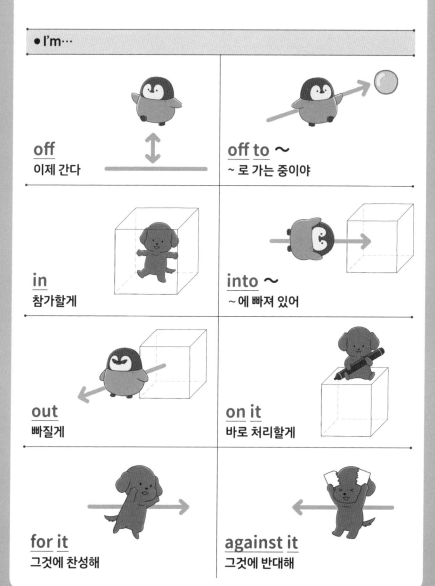

● I'm…

off
이제 간다

off to ~
~ 로 가는 중이야

in
참가할게

into ~
~ 에 빠져 있어

out
빠질게

on it
바로 처리할게

for it
그것에 찬성해

against it
그것에 반대해

기본이 중요하다

우리나라의 영어 교육은 실용적이지 않은 것 같다는 말을 들을 때가 있습니다. This is a pen 같은 표현은 실제로 사용하지 않는다고들 하지만, 저 역시 영어 공부를 다시 시작할 때 중학생 수준의 영어 복습을 소홀히 여겼습니다.

하지만 공부를 계속하면서 깨달은 점은, 중학교에서 배우는 영어가 기초적인 부분이며 기초가 없으면 응용이 불가능하다는 것입니다. 역시 학습은 기초가 중요합니다. 실제 일상 회화에서 사용되는 문법이나 영단어의 대부분은 중학생 수준의 영어를 응용한 것입니다. 또한, TOEIC이나 입시 시험에서도 기초가 부족하면 응용된 내용을 이해하지 못해 결국 중학교 영어를 다시 공부해야 하는 상황이 발생합니다.

하고 싶은 말을 영어로 잘 표현하지 못할 때도 사실 중급 영어로 바꾸면 어려운 표현을 사용하지 않고도 영어회화를 할 수 있습니다. 예를 들어, 나는 우유부단하다는 말을 하고 싶을 때 우유부단이라는 영단어가 바로 떠오르는지 생각해 보십시오. I'm an indecisive person.이라고 말하면 한국어 번역 그대로의 영어가 되지만, indecisive(결단력이 없는, 우유부단한)라는 단어는 쉽게 떠오르지 않습니다. (1장의 어원편을 읽은 분이라면 in(부정)＋decide(결정)＋ive(형용사화)로 분해하면 쉽게 이해할 수 있을 것입니다!) 그래서 I usually take long to make decisions.(나는 보통 결정을 내리는 데 시간이 오래 걸립니다)라고 바꾸면 어떨까요? 문법과 단어 모두 중학생 수준이지만, 의미는 거의 같습니다.

이 책의 전치사·부사편, 동사편, 조동사편에서 소개하는 영단어 자체는 비교적 난이도가 낮지만, 기초를 탄탄히 다지고 거기서 파생되는 다양한 응용 표현을 익힐 수 있도록 구성되어 있습니다.

기본에 충실하게, 차근차근 확실하게 공부해 봅시다.

3장

동사편

사실 누구나 알고 있는 기본 동사일수록
전치사나 부사와 결합하여 다양한 의미를
만들어내는 구동사로 자주 쓰입니다.
2장에서 익힌 이미지 감각을 바탕으로,
동사의 핵심 의미부터 구동사 표현까지
한꺼번에 익혀 두도록 합시다.

take 🐾 취하다

take는 medicine(약)을 복용하거나 advice(조언)을 받아들일 때, 그리고 taxi(택시)처럼 선택지를 취할 때 사용할 수 있다.

take a picture
사진을 찍다

take a call
전화를 받다

take a nap
낮잠을 자다

take a break
휴식을 취하다

가져가다 · 취하다

take medicine
약을 복용하다

take advantage of
~을 이용하다

take a test
시험을 보다

take a lesson
강의를 듣다

받다 · 받아들이다

take someone's advice
누군가의 충고를 받아들이다

take a risk
위험을 감수하다

선택하다

take a taxi
택시를 타다

take a chance
기회를 잡다

● take를 이용한 일상 회화 표현

Take your time.
천천히 해.

Take it easy.
편하게 해.

Take care of yourself. 몸조심해.

• take를 사용한 숙어

take A into account
A를 고려하다

It's important to take color into account when picking out clothes.
옷을 고를 때 색상을 고려하는 것은 중요하다.

take off
(신발, 옷)을 벗다 / (비행기 등이) 이륙하다

Before entering the house, please do take off your shoes.
집에 들어가기 전에 꼭 신발을 벗어 주세요.

take over
~을 이어받다, 인수하다

Harry will take over Amy's shift today because she is sick.
해리는 오늘 아미가 아파서 그녀의 근무 교대를 대신할 예정이다.

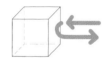
take back
~을 반환하다, (말·행동을) 취소하다

Take back what you took from the shop.
가게에서 가져간 물건을 돌려놔.

take after
~를 닮다

Alicia is cute. She takes after her mother, who is a beautiful model.
앨리샤는 귀엽다. 그녀는 아름다운 모델인 엄마를 닮았다.

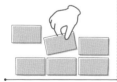
take apart
~을 분해한다

If you take that thing apart, it will break for sure.
그걸 분해하면 분명히 고장 날 거야.

take along
~을 데려가다, 가져가다

Please take me along with you.
나를 당신과 함께 데려가 주세요.

bring 🐾 가져오다

bring은 형태 있는 물건뿐 아니라, 변화나 결과처럼 형태 없는 것도 가져올 때 쓸 수 있다. 또한, 사람을 데려올 때도 사용할 수 있다.

물건을 가져오다

Please bring a cup of coffee to me.
나에게 커피 한 잔 가져다주세요.

데리고 오다

What brings you to Japan?
무슨 일로 일본에 오셨어요?

가져오다

I want to bring in positive change on social media.
나는 소셜미디어에 긍정적인 변화를 가져오고 싶다.

● take와 bring의 구분

take
말하는 사람 또는 듣는 사람에게서 가져가다

Please take my luggage to the room.
내 짐을 방으로 가져다 주세요.

bring
말하는 사람 또는 듣는 사람 쪽으로 가져다주다

Please bring a cup of coffee to me.
나에게 커피 한 잔 가져다 주세요.

알알 메모 ✏️

학교에서 take를 '가져가다'로 배운 사람이 많을 것이다. 하지만 실제 사용에서는 의미와 쓰임이 달라 혼동할 수 있다. 따라서 학습 초기에 그 차이를 정확히 이해해 두는 것이 중요하다.

● bring을 사용한 숙어

bring about
~을 유발하다, 초래하다

It looks like this weather can bring about heavy thunderstorms any minute.
이 날씨는 언제든지 강한 뇌우를 일으킬 수 있을 것 같다.

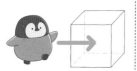

bring in
~을 데려오다, 참여시키다, (수익 등을) 들여오다

Don't bring in random people. That is weird.
낯선 사람들을 아무나 데려오지 마. 그건 이상해.

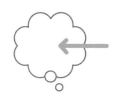

bring back memories
(기억 · 추억을) 되살리다

Ahh, these pictures bring back memories from my school days.
아, 이 사진들을 보니 학교 시절의 추억이 떠오르네.

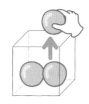

bring up
(이야기 등을) 꺼내다, 제기하다 / (아이를) 키우다

Please don't bring up this topic. It is very irrelevant.
이 주제를 꺼내지 말아줘. 너무 관련이 없어.

bring down
~을 우울하게 만들다

Don't bring down the rest of the team when you cannot do anything.
네가 아무것도 할 수 없을 때는 다른 팀원들의 사기를 떨어뜨리지 마.

Bring it on!
덤벼!, 어디 한번 해 보자!

I'm not scared. Bring it on!
나는 두렵지 않아. 덤벼!

go 🐾 지점에서 멀어지다

go는 보통 '가다'로 기억되지만, 실제로는 '지점에서 멀어지는' 움직임을 나타낸다. 따라서 목적지를 말할 때는 to를 붙여서 go to ~ 형태로 써야 한다.

go crazy
미치다, 흥분하다

go online
온라인에 접속하다

go bankrupt
부도가 나다

go bad
상하다

**Go easy
on the alcohol.**
술은 적당히 마셔.

go abroad
외국에 나가다

Go easy on me.
나 좀 봐줘.

go well
잘 되다

● go to ~ / go to a ~ / go to the ~의 사용 구분

go to ~

예 I almost forgot that I have to go to school today.
오늘 학교에 가야 한다는 걸 거의 잊을 뻔했어.

💬 그냥 학교에 가는 것이 아니라 '공부를 하러' 학교에 간다는 뉘앙스를 포함한다. school을 '물리적 장소'로 사용하는 경우에는 아래 예문과 같이 관사가 필요하다.

go to a ~

예 Let's hang out and go to a mall later.
나중에 같이 놀고 쇼핑몰에 가자.

💬 어느 쇼핑센터로 갈지 정해지지 않았다.

go to the ~

예 My friends and I want to go to the aquarium to see whale sharks.
친구들과 나는 고래상어를 보러 아쿠아리움에 가고 싶다.

💬 어느 수족관에 갈지 정해져 있다.

• go를 사용한 숙어

go across
~을 가로지르다

We decided to go across the country by car.
우리는 차로 전국을 여행하기로 결정했다.

go away
가 버리다 / 떠나다 / 저리 가다 / 사라지다

Could you ask them to go away? I'm busy at the moment.
그들에게 가 달라고 부탁해줄 수 있어? 나 지금 바빠.

go out
외출하다, 밖에 나가다

I go out with my friends every weekend to play at the arcade.
나는 매주 주말마다 친구들과 함께 오락실에 놀러 간다.

go with
~와 함께 가다 / ~와 잘 어울리다

I am going to go with my friends to the party.
나는 친구들과 함께 파티에 갈 거야.
He can go with the flow in any situation.
그는 어떤 상황에서도 물 흐르듯 적응할 수 있다.

go on
계속하다, 진행하다

I cannot go on with this anymore, this is too much for my heart.
더 이상 계속할 수 없겠어. 내 마음에 너무 큰 부담이야.

Go for it!
한번 해봐!, 용기 내!, 잘해 봐!

Go for it! I'm sure you can do it.
해봐! 네가 할 수 있을 거라고 확신해.

동사편

come 지점으로 다가오다

come은 사람뿐 아니라 spring(봄), result(결과)처럼 형태가 없는 것도 올 수 있다. 또한 come true처럼 '어떤 상태가 되다'는 의미로도 쓰인다.

도래하다

Spring comes.
봄이 온다.

발생하다

Success comes as a result of education and hardwork.
성공은 교육과 노력의 결과로 찾아온다.

목적지에 도착하다

I'm coming.
지금 가고 있어.

어떤 상태가 되다

My dream came true.
내 꿈이 이루어졌다.

● go와 come의 차이점

go
지점(화자 또는 청자)에서 멀어지다

Jane said she would go to Rin's house tonight to study.
제인은 오늘 밤 린의 집에 가서 공부하겠다고 말했다.

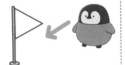

come
지점(화자 또는 청자) 쪽으로 다가오다

Do you want to come to my house after school?
방과 후에 우리 집에 올래?

알알 메모

말하는 사람에게 갈 때는 I'm coming.(지금 가요.)을 사용한다. 이는 take와 bring의 관계 와 비슷하므로 함께 정리해 두는 것이 좋다.

● come을 사용한 숙어

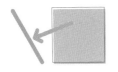

come off as
~처럼 보이다, ~한 인상을 주다

Act appropriately in public, or you will come off as a weird child.
공공장소에서 적절하게 행동하지 않으면 이상한 아이처럼 보일 수 있어.

come from
~에서 오다, ~출신이다

Hi! Where do you come from?
안녕! 어디서 왔니?

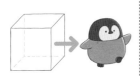

come out
나오다, 드러나다, 밝혀지다

Little child, come out from there, it is not safe to play inside.
꼬마야, 거기서 나와. 안에서 놀면 위험해.

come across
~을 우연히 마주치다 / (생각 등이) 떠오르다

If you come across a stranger offering candy, do not take it.
사탕을 주겠다고 하는 낯선 사람을 우연히 만나면, 그것을 받지 마.

come up with
~을 생각해내다, 고안하다, 제안하다

We need to come up with better ideas for these sentences, don't we?
이 문장들에 대해 더 나은 아이디어를 생각해내야겠지, 그렇지 않아?

when it comes to
~에 관해서라면, ~에 대해 말하자면

When it comes to being alone, we should always be aware of our surroundings.
혼자 있을 때는 항상 주변을 살피는 것이 중요하다.

동사편

run 🐾 쉬지 않고 나아가다

run을 단순히 '달리다'로만 기억하면 헷갈릴 수 있다. 이 동사는 '쉬지 않고 나아가는' 이미지에서 출발해, '경영하다', '흐르다', '진행되다' 같은 의미로 확장된다.

경영하다

He runs a restaurant.
그는 식당을 운영한다.

입후보하다

He will run for president.
그는 대통령 선거에 출마할 것이다.

흐르다

A beautiful river runs through my town.
아름다운 강이 우리 마을을 가로질러 흐른다.

(스타킹이) 올이 나가다

These stockings run easily.
이 스타킹은 쉽게 올이 나간다.

운행하다

The trains are running behind schedule.
기차들이 예정 시간보다 늦게 운행되고 있다.

(일이) 진행되다

Everything is running smoothly.
모든 일이 순조롭게 진행되고 있다.

● run을 이용한 일상 회화 표현

Time is running out.
시간이 얼마 남지 않았어.

I'm running late.
나 지금 늦었어.

😊 run을 사용하여 hit-and-run accident(뺑소니 사고)라는 표현도 있다.

• run을 사용한 숙어

run across
~을 우연히 만나다(지나가다가 스쳐 발견하다)

Mason ran across Harper on the streets while he was on a jog.
메이슨은 조깅을 하다가 거리에서 하퍼를 우연히 만났다.

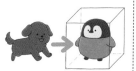

run into
~에 우연히 만나다(무언가에 부딪히거나 맞닥뜨리는)

I didn't expect to run into our teacher yesterday.
어제 선생님을 우연히 마주치게 될 줄은 몰랐다.

😊 run into는 run across보다 더 갑작스럽고 충돌 같은 느낌

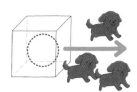

run out of
~을 다 써버리다

Mason's game console has run out of battery from playing it too much.
메이슨의 게임기는 너무 많이 사용해서 배터리가 다 닳아버렸다.

run away
도망치다

Harper isn't the type to run away from his problems.
하퍼는 문제에서 도망치는 사람이 아니다.

run through
~을 훑어보다 / ~을 다 써버리다

I'd like to run through your recommended playlist.
추천해 준 재생 목록을 살펴보고 싶어.

in the long run
장기적으로 볼 때, 결국에는

Avoid using cheap batteries; these can ruin your gadgets in the long run.
값싼 배터리 사용을 피하세요. 장기적으로는 기기를 손상시킬 수 있습니다.

make ☙ 만들다

make는 형태가 있는 물건뿐 아니라, 결정, 차이, 돈, 소리 등 추상적인 것도 만들 수 있다. 또한, 사역동사로 쓰여 '누군가가 어떤 행동이나 상태를 하게 만들다'는 뜻으로도 사용된다.

make a decision
결정을 내리다

make a mistake
실수를 하다

make an excuse
변명을 하다

make a call
전화를 걸다

행동을 만들다

make a compliment
칭찬을 하다

make a complaint
불평을 하다

make an effort
노력을 하다

make an appointment
약속을 하다

make time
시간을 내다

make money
돈을 벌다

돈·시간·공간을 만들다

make room for
~이 들어올 수 있도록
공간을 내다

make a fortune
큰돈을 벌다

make no difference
차이가 없다

차이를 만들다

make a difference
의미 있는 변화를 만들다

● make를 사용한 숙어

make up for
~을 보상하다, 만회하다

You have to make up for the damage you caused.
네가 일으킨 피해를 보상해야 해.

make fun of
~을 놀리다, 비웃다

Don't make fun of other people.
다른 사람들을 놀리지 마.

make use of
~을 사용하다, 활용하다

Make use of the knowledge you acquired in school.
학교에서 배운 지식을 잘 활용해야 해.

make it a rule to / that
~하는 것을 규칙으로 삼다

Let's make it a rule that you have to clean your room before you can play your video games.
비디오 게임을 하기 전에 방을 청소해야 한다는 규칙을 만들자.

동사편

알알 메모

make out은 주로 '알아보다', '이해하다', '잘해내다'는 뜻으로 쓰이며, 연인 간의 스킨십을 의미할 때도 있다.

예문 We made out before, but it didn't work out.
우리는 예전에 만나봤지만, 잘 안 됐어.

• make를 이용한 일상 회화 표현

Make sure everything is secured before leaving the room.
방을 떠나기 전에 모든 것이 잘 고정되어 있는지 반드시 확인해.

That makes sense.
그건 말이 되네.

You made my day.
너 덕분에 오늘 하루가 행복해졌어.

You made it!
네가 해냈네!

Does it make sense?
그게 말이 되니?

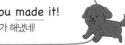

Do you understand?는 "이해하나요?"라는 뜻이지만, 다소 명령조이거나 거만하게 들릴 수 있어 사용에 주의가 필요하다.

151

have 가지고 있다

have는 형태 있는 사물뿐만 아니라, meeting(회의) 같은 상황이나 headache(두통) 같은 상태를 나타낼 때도 사용할 수 있다.

have a headache
머리가 아프다

have an argument
논쟁을 벌이다

have a blast
즐거운 시간을 보내다

have a plan
계획을 세우다

have no idea
전혀 모르다

have dinner
저녁을 먹다

have a meeting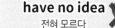
모임[회의]을 가지다

have a dream
꿈을 꾸다

have a lesson
수업을 받다

have an appointment
약속을 잡다

have a talk
이야기하다

have a seat
자리에 앉다

have a party
파티를 개최하다

have a coffee
커피를 마시다

have a shower
샤워를 하다

have a break
휴식을 취하다

have a haircut
이발을 하다

알알 메모 ✏

◎ dinner, breakfast, lunch에는 기본적으로 관사가 붙지 않는다. 단, 식사의 내용에 초점을 맞출 때는 관사가 붙을 수 있다.

예문 Have a nice dinner!(맛있는 저녁 식사하세요!)

◎ have a coffee에서 coffee는 본래 셀 수 없는 명사이므로 a cup of coffee(커피 한 잔)으로 표현하는 것이 원칙이다. 하지만 구어체에서는 have a coffee라는 표현이 일상적으로 사용된다.

• have를 사용한 숙어

have trouble ~ing
~하는 데 어려움을 겪다(행위 자체의 어려움)

The staff is having trouble doing work because Mason accidentally deleted our files.
메이슨이 실수로 파일을 삭제해서 직원들이 업무에 어려움을 겪고 있다.

have trouble with
~와 관련해 어려움을 겪다(대상이나 도구와의 문제)

Are you having trouble with that question?
그 질문이 어렵니?

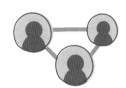

have something to do with
~와 어떤 관련이 있다

The main reason why he can't trust people has something to do with his childhood trauma.
그가 사람들을 신뢰하지 못하는 주된 이유는 어린 시절의 트라우마와 관련이 있다.

have nothing to do with
~와 아무 관련이 없다

That newbie has nothing to do with the error on the system.
그 신입은 그 시스템 오류와 전혀 관련이 없다.

• have를 사용한 일상 회화 표현

Can I have a coffee, please?
커피 한 잔 주시겠어요?

Do you have Wi-Fi here?
여기 Wi-Fi가 제공되나요?

☺ 주문 시에도 have를 사용할 수 있다.

You have my word. 내가 약속할게.

Have a nice day!
Have a good one!
좋은 하루 되세요!

Have a nice weekend!
좋은 주말 보내세요!

☺ 대답할 때는 Thank you. You too.
(고마워요. 당신도요.) 와 같은 표현이 일반적이다.

let 자유롭게, 원하는 것을 하게 하다

let은 주로 사람을 대상으로 하지만, "Let it go."(그냥 놔둬.)처럼 사물이나 상황에도 쓸 수 있다.

Let me in.
나 들여보내 줘.

Let me explain.
내가 설명할게.

Let me think.
생각 좀 해볼게.

Let it be.
그냥 두자. / 그대로 놔둬.

Let me see.
어디 보자.

Let it go.
(타인의 언행에 대해)
그냥 나둬. / 잊어버려.

Let me out.
나가게 해 줘.

Let me know.
나에게 알려줘.

● let을 이용한 일상 회화 표현

Don't let me down.
날 실망시키지 마.

Let me ask you a question.
질문 하나 해도 될까?

Let me give you some examples.
예시 몇 가지 드릴게요.

● 사역(~시키다)동사 사용의 구분

make
힘을 가해 어떤 상태나 행동을 유도하다

Can you <u>make</u> me feel secure when I'm with you?
내가 너와 함께 있을 때 안전하다고 느끼게 해줄 수 있니?

While we were still a trainee at this company, our boss told us to always <u>make</u> our clients happy.
우리가 아직 이 회사의 연수생이었을 때, 상사는 항상 고객을 만족시키라고 말했다.

She should <u>make</u> her boyfriend stop drinking too much.
그녀는 남자친구가 술을 너무 많이 마시지 않도록 하게 해야 한다.

have
일을 맡겨서 하게 하다, 또는 상태를 유지하거나 만들다

Olivia <u>had</u> her bedroom wall painted blue the other day.
올리비아는 며칠 전에 자신의 침실 벽을 파란색으로 칠했다.

At a famous tailor shop, James <u>had</u> a suit made just for his concerto.
제임스는 유명한 재단사 가게에서 자신의 협연을 위해 맞춤 정장을 제작했다.

Catherine <u>had</u> her nails trimmed short since she plays volleyball.
캐서린은 배구를 하기 때문에 손톱을 짧게 손질했다.

let
허락하다, 자유롭게 하게 두다

We should <u>let</u> our manager decide what's the best thing to do.
무엇을 하는 게 가장 좋은지 우리 팀장님이 결정하도록 맡기는 게 좋겠다.

<u>Let</u> us talk with the clients this time as the developers.
이번에는 우리가 개발자로서 고객과 이야기하자.

We should <u>let</u> the newcomers do the opening presentation.
신입사원들이 개회사 발표를 하도록 맡기는 게 좋겠다.

hold 🐾 힘을 주어 유지하고 있다

hold는 형태 있는 물건뿐만 아니라, line(전화선)처럼 상황을 유지하거나, party(파티)처럼 행사를 열 때에도 사용할 수 있다.

hold the door for
(~를 위해) 문을 잡아 주다

hold a patent
특허를 보유하다

hold someone accountable for~
~에 대해 누구에게 책임을 묻다

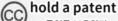
물건을 유지하다

hold the line
전화를 끊지 않고 기다리다

상황을 유지하다

hold a party
파티를 열다

hold one's tongue
입을 다물다

이벤트를 유지하다

hold a meeting
회의를 열다

hold it
(그대로) 멈추다

hold an election
선거를 실시하다

● hold를 사용한 숙어

hold on
(잠시) 기다리다

Oh no! Hold on, I forgot something back at my house.
오 안돼! 잠깐만, 집에 두고 온 걸 잊었어.

hold off on
~을 미루다, 연기하다

I have to hold off on the wedding invitations.
나는 결혼식 초대장을 잠시 미뤄야 한다.

hold back
~을 억누르다, 참다 / 숨기다

Olivia had to hold back her tears after breaking up with her boyfriend yesterday.
올리비아는 어제 남자친구와 헤어진 후 눈물을 참아야 했다.

hold over
~을 보류하다, 연기하다

The author will have to hold over the book announcements till next time.
저자는 책 발표를 다음 기회로 미뤄야 할 것이다.

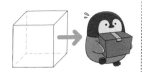

hold out
~을 내밀다, (도움 · 희망 등을) 제공하다

Ethan held out his hand.
이든은 손을 내밀었다.

hold down
~을 누르다 / 억누르다, 억제하다

I need to hold down these papers or else the wind would scatter them.
나는 바람이 종이를 날리지 않도록 그것들을 눌러야 한다.

hold up
버티다 / 지탱하다 / (진행을) 지연시키다

I can't hold this shelf up for much longer, someone help me.
이 선반 더 이상 못 버티겠어, 누구 좀 도와줘.

hold together
(물리적으로) ~을 서로 붙잡아 두다, 고정시키다

Tell them to use the glue to hold together the wood.
그들에게 나무를 고정하기 위해 접착제를 사용하라고 말해줘.

keep 계속 가지고 있다

keep은 형태가 있는 대상뿐만 아니라, quiet(조용함) 같은 상태나 saying(말하기) 같은 행동을 계속 유지할 때에도 사용할 수 있다.

keep pace
발을 맞추다

keep one's distance
거리를 두다

상태를 유지하다

keep quiet
조용히 하다

행동으로 옮기다

keep going
계속하다, 계속 나아가다

keep one's word
약속을 지키다

keep saying
계속 말하다

물건과 말을 계속 가지고 있다

keep a secret
비밀을 지키다

Keep the change.
잔돈은 가지세요.

● keep을 이용한 일상 회화 표현

Let's keep in touch.
계속 연락하자.

Please keep in mind that ~
~을 기억해 두세요

Please keep me posted.
상황을 계속 알려줘.

I'm sorry to have kept you waiting.
기다리게 해서 죄송합니다.

● keep을 사용한 숙어

Keep it up!
계속 그렇게 해!, 잘하고 있어!

Good job. Keep it up!
잘했어. 계속 그렇게 해!

keep an eye on
~을 지켜보다, 감시하다, 주의 깊게 보다

You should tell the guard to keep an eye on that sketchy person.
그 수상한 사람을 잘 지켜보라고 경비원에게 말해야 해.

keep back
뒤로 물러나 있다, 숨기다

Please keep back. This area is dangerous.
뒤로 물러서 주세요. 이 지역은 위험합니다.

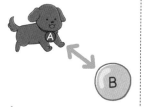

keep A from B
A가 B하지 못하게 막다

Keep Ethan from studying too much.
이든이 너무 공부하지 않도록 해줘.

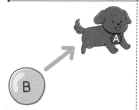

keep A away from B
A를 B로부터 멀리 떨어뜨리다

Could you keep the cat away from the dog before they fight?
개와 싸우기 전에 고양이를 떨어뜨려 줄 수 있나요?

keep up with
~을 따라가다 / ~와 계속 연락하다

You should exercise more to keep up with us.
우리와 보조를 맞추려면 운동을 더 해야 해.

동사편

look 시선을 돌리다

look은 look at(~을 바라보다), look down(아래를 보다), look up(위를 보다)처럼 전치사나 부사와 결합하여 시선의 방향을 표현할 수 있다.

~을 바라보다

Look at the picture.
그 그림을 봐.

(~처럼) 보인다

You look great.
너 정말 좋아 보여.

● watch / see / look의 구분

watch의 시선
움직이는 것을 보다

> 예 watch TV(텔레비전을 보다)

see의 시선
(저절로) 눈에 들어오다

> 😊 '눈에 들어오다'는 의미에서 출발하기 때문에, I see your point.(무슨 말인지 알겠어.)처럼 '이해하다'는 뜻으로도 사용된다.

look의 시선
(멈춰 있는) 정지된 대상을 보다

> 예 look at the schedule(일정표를 보다)

알알 메모 ✏️

"(영화관에서) 영화를 보다"는 표현은 화면이 커서 영상이 자연스럽게 눈에 들어오기 때문에 see a movie라고 표현하는 경우가 많다.

● look을 사용한 숙어

look after
~을 돌보다, 보살피다

They will look after the flowers.
그들은 꽃을 돌볼 것이다.

look around
주위를 둘러보다, 이곳저곳 구경하다

Look around before you cross the street.
길을 건너기 전에 주위를 잘 살펴봐.

look up to
~를 존경하다

My father is a person I look up to.
아버지는 내가 존경하는 사람이다.

look into
~을 조사하다, 자세히 들여다보다

I'll look into the data you sent me.
네가 보낸 데이터를 살펴볼게.

look over
~을 훑어보다, 대충 검토하다

James said he would look over it later.
제임스는 나중에 그것을 훑어볼 거라고 말했다.

look through
~을 통해 보다 / 샅샅이 살펴보다

Sarah looked through the telescope.
사라는 망원경으로 바라보았다.

look down on
~을 얕보다, 무시하다

Masters always look down on their slaves.
주인들은 항상 노예들을 얕본다.

break 🐾 부수다

break는 형태가 있는 사물뿐만 아니라, law(법), silence(침묵), promise(약속)처럼 형태가 없는 개념도 깨뜨릴 수 있다.

break the silence
침묵을 깨다

break a law
법을 어기다

break down
고장나다

break the news
소식을 전하다

break ground
착공하다

break someone's heart
(사람의) 마음을 깨뜨리다

break a record
기록을 깨다

break the ice
어색한 분위기를 깨다

break one's promise
약속을 어기다

알알 메모 🖊

어원을 복습한다고 생각하고 unbreakable의 의미를 추측해 보자. 정답은 un(부정) + break(깨뜨리다) + -able(~할 수 있는)로, '깨지지 않는'이라는 뜻이 된다.

예문 A promise is unbreakable.
약속은 깨질 수 없다.

● break를 사용한 숙어

break out
탈주하다, 갑자기 발생하다, 터지다

The prisoner broke out of the prison yesterday.
그 죄수는 어제 감옥을 탈출했다.

break up
관계가 끝나다, 해산하다, 분열하다

I hope you don't break up with him.
그와 헤어지지 않기를 바란다.

break down in tears
울음을 터뜨리다, 눈물을 쏟다

My friend broke down in tears after her breakup.
내 친구는 이별 후 눈물을 터뜨렸다.

break in
침입하다 / (신발·물건 등에) 익숙해지다

Since the break-in, we've had all our locks changed.
그 침입 사건 이후로, 우리는 모든 자물쇠를 교체했다.
😊 이 예문에서는 break-in이 명사로 쓰이고 있다.

break into
~에 침입하다 / 갑자기 ~하기 시작하다

The robber broke into our house.
그 강도가 우리 집에 침입했다.

break through
~을 돌파하다, 뚫고 나가다, 극복하다

Protesters tried to break through a police station.
시위대는 경찰서를 돌파하려고 시도했다.

알알 메모 ✏️
breakfast는 break(깨다) + fast(단식)으로 이루어진 단어로, '아침 식사'라는 의미가 된다.

동사편

get 없던 것에서 있게 되는 변화

get은 형태가 있는 대상뿐만 아니라, dark(어두움), job(일), sick(병듦)처럼 형태가 없는 상태나 상황이 '없던 것에서 있게 되는 변화'를 표현할 때에도 사용할 수 있다.

get a letter
편지를 받다

get it
이해하다

get a call
전화가 오다

get dark
어두워지다

get drunk
술에 취하다

get ready
준비되다

get married
결혼하다

get sick
병에 걸리다

get a job
취업하다

● 탈것을 타다/내리다의 구분

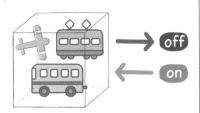

get on / get off
지하철 · 버스처럼 안을 걸어 다닐 수 있는 것 또는 오토바이처럼 위에 올라타는 것에 타다 / 내리다

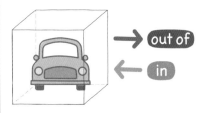

get in / get out of
차에 타다 / 내리다

• get을 사용한 숙어

get in the way
방해가 되다

Nothing could get in the way of Catherine when practicing.
연습할 때는 어떤 것도 캐서린을 방해할 수 없었다.

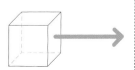

get out
나가다, 물러나다

Could you tell them to get out? They are disturbing the neighbors.
그들에게 나가라고 말해줄 수 있나요? 그들이 이웃에게 피해를 주고 있어요.

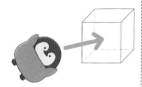

get into
~에 빠지다, 관심을 갖게 되다

I wonder how you got into that hobby.
네가 어떻게 그 취미에 빠지게 되었는지 궁금하다.

get over
~을 넘다 / (비유적으로) 극복하다

Get over the wall to reach the ball.
공을 잡으려면 벽을 넘어야 해.

get along with
~와 잘 지내다, 사이 좋게 지내다

Everyone in class gets along with the professor.
반 학생들 모두가 교수님과 잘 지낸다.

get away
떠나다, 빠져나가다 / (비난이나 처벌을) 피하다

Don't think you could get away with what you've done.
네가 한 일을 그냥 넘어갈 수 있을 거라고 생각하지 마.

put 놓다

put은 단순히 물건을 올려놓는 데에만 쓰이지 않는다. 물건을 넣거나 붙이는 경우에도 사용할 수 있으며, blame(비난, 책임)처럼 형태가 없는 대상도 '넣다'는 의미로 사용할 수 있다.

물건을 놓다

I put the book you wanted on the table in your room.

네가 원했던 책을 네 방 책상 위에 놓아뒀어.

넣다

This is a test, so put everything in your bag, except your pencil and rubber eraser.

이건 시험이니까 연필과 지우개를 제외한 모든 물건을 가방에 넣어.

붙여넣다

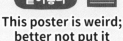

This poster is weird; better not put it on the wall.

이 포스터 좀 이상해. 벽에 붙이지 않는 게 좋겠어.

물건이 아닌 다른 것을 놓다

Recently, foreign language educators put more importance on speaking than writing.

최근 외국어 교육자들은 쓰기보다 말하기에 더 큰 중요성을 둔다.

People always want to put the blame on someone if something goes wrong.

무슨 일이 잘못되면 사람들은 항상 누군가에게 책임을 떠넘기려 한다.

At the moment, I am putting my priorities on mathematics.

지금 이 순간, 나는 수학에 우선순위를 두고 있다.

● put을 이용한 일상 회화 표현

I've put on weight recently.
최근에 체중이 늘었어.

I'm putting on makeup.
나 화장하고 있어.

Put yourself in my shoes.
내 입장이 되어 봐.

● put을 사용한 숙어

put on   ~을 입다, 착용하다 / (표정 등을) 짓다

Sometimes, you have to put on a friendly face, even if you don't like your opponent.
때로는 상대가 마음에 들지 않더라도 친절한 얼굴을 해야 할 때가 있다.

put off   ~을 연기하다, 미루다

I have to put off next week's meeting for personal reasons.
개인적인 이유로 다음 주 회의를 미뤄야 해.

put aside
~을 제쳐두다 / 따로 두다, 비축하다

I sometimes wish people would just put aside their differences and work together for the sake of everyone.
가끔은 사람들이 차이를 제쳐두고 모두를 위해 협력했으면 좋겠다고 생각한다.

put ~ through   (사람)
(사람을) 전화로 연결해 주다

Mia, can you put James through the sales department call?
미아, 제임스를 영업부로 연결해 줄 수 있니?

put ~ back
~을 다시 제자리에 두다

You better put that filthy piece of cloth back where you found it.
그 더러운 천 조각을 발견한 곳에 다시 가져다 놓는 게 좋을 거야.

put across
~을 효과적으로 전달하다

Mason was trying to put across an important matter.
메이슨은 중요한 문제를 이해시키려고 애쓰고 있었다.

put away
~을 치우다, 정리하다 / 치워두다

You may go home only after you have finished putting away everything.
모든 것을 정리한 후에만 집에 갈 수 있어.

동사편

turn 돌다

turn은 단순히 회전하는 동작뿐만 아니라, 방향을 바꾸거나 색이 변할 때에도 사용할 수 있다. 또한 명사로는 '순서'라는 의미로도 자주 쓰인다.

돌다

Can you turn the timer clockwise?

타이머를 시계 방향으로 돌릴 수 있나요?

색상 변화

Jane's lips are turning blue! Is she alright?

제인의 입술이 파랗게 변하고 있어요! 그녀는 괜찮아?

The leaves are turning red. It must be fall.

나뭇잎이 붉게 물들고 있어. 분명 가을이겠지.

방향을 바꾸다

Mike sighed and turned away without looking back.

마이크는 한숨을 쉬고 뒤돌아보지도 않은 채 돌아섰다.

순서(명사)

Tom and Jason always take turns doing the cleaning.

톰과 제이슨은 항상 번갈아 가며 청소를 한다.

It's my turn to show and tell my favorite thing in front of the class.

이제 내가 반 친구들 앞에서 내가 가장 좋아하는 것을 보여주고 이야기할 차례야.

● turn을 사용한 숙어

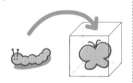

turn into
~로 변화하다, ~이 되다

He will turn into a prince once a princess kisses him.

공주가 그에게 키스하면 그는 왕자로 변할 것이다.

turn in
~을 제출하다

Don't forget to turn in your papers and assignments.
서류와 과제를 제출하는 것을 잊지 마세요.

turn out
~한 결과가 되다, 판명되다

Their game didn't turn out as planned.
그들의 게임은 계획대로 되지 않았다.

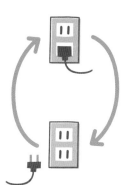

turn on
~을 켜다

Did Mason turn on the light switch in the kitchen?
메이슨이 부엌에서 전등 스위치를 켰나요?

turn off
~을 끄다, 잠그다

Could you please turn off the valve before you leave?
떠나기 전에 밸브를 잠가 줄 수 있나요?

turn over
~을 뒤집다

Did you guys already turn over your test papers?
여러분은 이미 시험지를 뒤집었나요?

turn around
방향을 바꾸다, 돌아서다

Please turn around. I need to check the price tag on that jacket.
돌아서 주세요. 저 재킷의 가격표를 확인해야 해요.

turn down
~을 거절하다

I heard the manager turned down Rae's offer.
매니저가 레이의 제안을 거절했다고 들었어.

give 🐾 주다

give는 형태가 있는 물건뿐만 아니라, speech(연설), reason(이유), chance(기회)처럼 형태가 없는 것도 줄 수 있는 동사이다.

give a reason
이유를 말하다

give birth
출산하다

give an example
예를 들다

give a speech
연설하다

give access to
~에 대한 출입을 허용하다

give me a break
좀 쉬게 해줘

give someone a ride
(사람)을 차로 데려다주다

give someone a chance
(사람)에게 기회를 주다

give someone a hand
(사람)에게 도움을 주다

• give를 사용한 일상 회화 표현

Give it a try!
한번 시도해봐!

Could you give me an example?
예를 들어 줄 수 있나요?

Give me a second.
잠깐만 기다려줘.

😊 일상적인 대화에서도 "예를 들어 줄 수 있어?"
라고 물어보는 경우는 흔하다.

• give를 사용한 숙어

give <u>up on</u>
~을 포기하다, 단념하다

I've <u>given up on</u> my dreams of becoming a pilot.
나는 파일럿이 되는 꿈을 포기했다.

give <u>over to</u>
~에 넘겨주다, 양도하다, 맡기다

I'm <u>giving</u> this rubber duck <u>over to</u> my friend, Steve. He likes ducks.
이 고무 오리를 내 친구 스티브에게 줄 거야. 그는 오리를 좋아하거든.

😃 일상 회화에서는 give it to를 더 많이 씀.

give <u>back</u>
~을 돌려주다, 반환하다

Please, can you <u>give back</u> my cat? I want to pet it.
제발, 내 고양이 돌려줄래? 쓰다듬고 싶어.

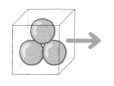

give <u>out</u>
~을 나눠주다

They are <u>giving out</u> pamphlets about sustainable gardening.
그들은 지속 가능한 정원 가꾸기에 관한 안내책자를 나눠주고 있다.

give <u>off</u>
(빛, 열, 냄새 등)을 발산하다, 내뿜다

The perfume <u>gave off</u> a fragrant flowery scent.
그 향수는 꽃향기 가득한 향을 풍겼다.

give <u>away</u>
~을 거저 주다, (비밀 등을) 누설하다

They are <u>giving away</u> free ice cream at the party.
그들은 파티에서 무료로 아이스크림을 나눠주고 있다.

do 🐾 무엇이든 돕는 조력자

용도가 많은 do는 잘 다루면 정말 유용하다. 그런 do의 기본 이미지는 '무엇이든 돕는 조력자'이다.
다양한 일을 대신하거나 처리해 준다.

부정문을 만든다

He does not want my help.
그는 내 도움을 원하지 않는다.

의문문을 만든다

Does she like ramen?
그녀는 라면을 좋아하니?

강조하다

I do care about him.
난 정말 그를 걱정하고 있어.

운동이나 일 관련 명사와 함께 동사로 자주 쓰인다

Could you ask Tom to do the dishes today?
오늘 탐에게 설거지를 부탁해 주시겠어요?

Please do a lot of work whilst the manager is gone.
매니저가 없는 동안 많은 일을 해 주세요.

대명사 · 대동사

Yes, I do.
네, 맞습니다. 그렇습니다.

Don't do that.
그만하세요.

Jane does that once in a while.
제인은 가끔씩 그렇게 하곤 한다.

● do를 이용한 일상 회화 표현

Just do it.
그냥 해.

You should do it yourself.
그건 네가 스스로 해야 해.

I'll do it.
제가 할게요.

● 스포츠에서 play / do / go를 구분하는 방법

play
구기 종목에 사용

She plays tennis with her friends.
그녀는 친구들과 테니스를 친다.
예 play soccor, play baseball

do
도구 없이 하는 개별 운동, 격투기, 체조류

Do exercises to stay fit during the summer!
운동을 해서 여름 동안 건강을 유지하세요!
예 do exercises, do yoga

go
동명사(-ing) 형태와 함께 사용

Do you want to go swimming with me?
나랑 수영하러 갈래?
예 go swimming, go skiing, go fishing, go hiking

● 게임에서의 play와 do의 차이점

play
경쟁이 있는 게임에 사용

Come and play poker with us later tonight!
오늘 밤에 우리랑 같이 포커 하자!
예 play chess

do
경쟁 요소가 없는 게임이나 활동

Let's do a puzzle together to pass the time.
시간을 보내기 위해 같이 퍼즐 맞추자.

왈왈! Point lesson 3 상태를 나타내는 be동사와 get의 차이점

be동사는 상태를 나타내는 동사이고, get은 상태의 변화를 나타내는 동사이다. 즉, '없던 것이 생기거나, 한 상태에서 다른 상태로 변하는 과정'을 표현할 때 get을 사용한다(164쪽 참조).

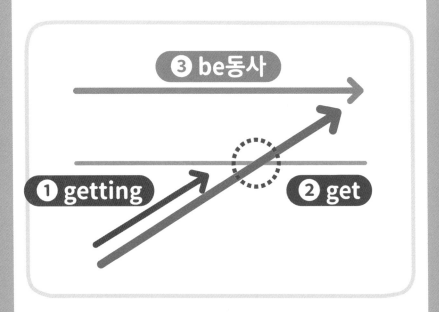

❶ getting	❷ get	❸ be동사
그 상태에 가까워지다	그 상태가 되다	상태

I am getting tired.
점점 피곤해지고 있다.

I got tired.
피곤해졌다.

I am tired.
피곤한 상태이다.

I am getting used to hot weather.
더운 날씨에 점점 익숙해지고 있다.

I got used to hot weather.
더운 날씨에 익숙해졌다.

I am used to hot weather.
더운 날씨에 익숙한 상태이다.

1~5형식 문장의 이미지

이 장에서 소개한 동사는 다양한 문장 구조에서 쓰일 수 있다는 점을 확인했을 것이다. 문법의 기초인 1형식부터 5형식까지의 문장 구조는 시각적으로 익혀 두면 이해에 도움이 되므로 꼭 기억해 두자.

1형식 문장(SV)

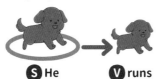

주어(S)와 동사(V)로만 이루어진 문장이다. 먼저 주어에 초점을 맞추고, 그다음 동사로 이동한다.

2형식 문장(SVC)

주어(S)와 동사(V)에 보어(C)가 더해진 문장이다. 보어는 주어가 '무엇인지', '어떤 상태인지', '어떤 존재인지'를 설명하는 역할을 한다. 이 문형에서는 동사를 중심으로 주어와 보어가 등가 관계를 이룬다.

3형식 문장(SVO)

주어(S)와 동사(V)에 목적어(O)가 더해진 문장이다. 목적어는 '무엇을'이라는 질문에 답하는 요소이다.

4형식 문장(SVOO)

주어(S)와 동사(V) 뒤에 두 개의 목적어(O)가 이어지는 문장이다. 이때 '누구에게'에 해당하는 간접 목적어가 먼저 오고, '무엇을'에 해당하는 직접 목적어가 그 뒤에 온다.

5형식 문장(SVOC)

주어(S)와 동사(V) 뒤에 목적어(O)와 보어(C)가 이어지는 문장이다. 이때 보어는 목적어가 '무엇인지', '어떤 상태인지'를 설명하며, 목적어와 보어는 동사를 중심으로 등가 관계를 형성한다.

영어를 영어로 이해하는 방법은?

영어를 공부할 때 영어와 우리말의 차이를 아는 것은 중요합니다. 그 중에서도 어순의 차이에 대해 알아두면 공부가 더 수월해집니다. 아래 영어와 우리말을 비교해 보세요.

어순의 차이 예시

I play baseball on weekends.
❶ ❷ ❸ ❹

나는 주말에 야구를 한다.

기본적인 영어의 어순은 ❶주어 ❷동사 ❸목적어 ❹기타 정보(장소, 시간 등)이며, 뒤에 정보를 추가하는 형태입니다(다른 어순일 때도 있지만, 여기서는 설명을 위해 단순화했습니다). 영어와 우리말을 이렇게 비교해 보면 단어의 순서가 상당히 다르다는 것을 알 수 있습니다.

영어를 단어 순서대로 이해하려고 하면 처음에는 어려움을 겪게 됩니다. 왜냐하면 영어에 익숙하지 않은 사람은 무의식적으로 우리말 순서대로 영어를 읽기 때문입니다. 시선은 ❶I ❹on weekends ❸baseball ❷play로 부자연스럽게 움직입니다. 들을 때도 마찬가지로 한번 들은 영어를 머릿속으로 정리해서 우리말로 고치는 작업을 하고 있습니다.

어순대로 영어를 영어 그대로 이해하기 위해 다음 두 가지 방법을 추천합니다.

❶ 영어를 한국어로 변환하지 않는다
동사편의 그림과 같이 영단어를 이미지와 함께 이해하면 일일이 한국어로 변환할 필요가 없습니다.

❷ 소리 내어 읽으며 영어를 어순대로 이해한다
소리내어 읽으면 영문을 앞뒤 순서대로 읽게 되므로 자연스럽게 영문을 어순대로 이해할 수 있게 됩니다.

4장

조동사편

뜻을 혼동하기 쉬운 조동사들이지만,
각각 고유한 이미지를 가지고 있습니다.
일러스트와 함께 그 조동사가 가지는
이미지를 연관지으면, 영어로 말할 때
확신을 가지고 상황에 맞게 사용할 수
있을 것 입니다.

will 의지(~할 것이다)

will은 단순히 미래를 나타내는 것이 아니다. '의지'의 의미에서 확장되어 '예측', '버릇·습관', '의뢰·제안'까지 나타낼 수 있다.

Did you finish your homework?
숙제 다 했어?

I will, I will.
지금부터 할 거야!

의지

추측	습성·습관	요청·제안
~ 일 것이다	평소에 ~ 하곤 한다	~해 줄 수 있나요?

I want to go to the park.
나는 공원에 가고 싶어.

I spilled juice on the floor.
바닥에 주스를 쏟았어.

Will you bring tea from the fridge?
냉장고에서 차 좀 가져다줄 수 있어?

Sorry, I'm cooking now, but daddy will take you there.
미안해, 지금 요리 중이지만 아빠가 너를 데려다줄 거야.

Don't worry, accidents will happen.
걱정하지 마, 사고는 일어날 수 있어.

Sure.
알았어.

왈왈 메모

Where there is a will, there is a way.(의지가 있는 곳에 길이 있다.) 와 같이 will을 명사로 사용하는 경우도 있다.

미래를 나타내는
will과 be going to의 차이점

미래를 나타내는 will과 be going to도 이미지와 함께 외우면 도움이 된다. will은 말하는 시점에서 결정된 미래이고, be going to는 이미 다가오고 있는 미래이다.

조동사편

will
말하는 시점에서 결정되는 미래

be going to
이미 미래를 향해 진행되고 있는 일

There is no milk left in the fridge. I will go buy milk.
냉장고에 우유가 다 떨어졌어. 내가 우유를 사러 갈게.

I am going to go buy milk because there is no milk left in the fridge.
냉장고에 우유가 없어서 우유를 사러 갈 거야.

☺ 말하고 있는 시점에서 "우유가 없다 ➡ 사러 가자!"라고 미래가 정해진다는 것을 알 수 있다.

☺ 말할 때에는 이미 사러 갈 일(미래)이 정해져 있다는 것이다.

알알 메모

원어민과 대화하다 보면 일상적인 표현을 자주 듣게 된다. 그중에서도 회화에서 자주 사용되는 생략 표현인 gonna, wanna, gotta를 기억해 두면 유용하다. gonna는 going to(~할 거야), wanna는 want to(~하고 싶다), gotta는 (have) got to(~해야 한다)를 줄인 표현이다.

can 🐾 가능성

can은 '할 수 있다'로 기억하는 사람이 많을 것이다. 그 기저에는 '가능성'의 의미가 있으며, 여기에서 '능력', '허가', '의뢰'로 확장된다.

I messed up!
내가 망쳤어!

Anybody can make a mistake.
누구든 실수를 할 수 있어.

가능성

능력 ~할 수 있다	허가 ~해도 된다	요청 ~해 줄 수 있나요?
I can do better. 나는 더 잘할 수 있어.	You can use my computer. 내 컴퓨터를 써도 돼.	Can you come with me to the shopping mall? 쇼핑몰에 나랑 같이 갈 수 있어?

왈왈 메모 ✏️

can은 '~해 주세요'라는 뉘앙스를 가질 수도 있다.

You can count on me. (맡겨주세요).

may 힘(권한, 능력)

may는 단순히 '~일지도 모른다'로만 번역할 수 있는 것이 아니다. '힘이 있다'에서 확장되어 '허락'을 의미하게 되었으며, 여기에서 다시 '추측', '기도', '허락'을 구할 때에도 사용할 수 있다.

You may not use the camera flash.
카메라 플래시를 사용할 수 없습니다.

조동사편

Sorry, I'll be careful from now on.
죄송합니다, 앞으로 조심하겠습니다.

힘이 있다 = 허가

추측	기원	허락을 구함
~일지도 모른다	~그렇게 되기를 바란다	~해도 괜찮을까요?

It may sound strange, but it's true.

이상하게 들릴 수도 있지만, 사실이다.

May your dreams come true!

네 꿈이 이루어지기를 바란다!

May I have your name, please?

성함을 여쭤봐도 될까요?

☺ 말할 때에는 이미 사러 갈 일(미래)이 정해져 있다는 것이다.

Thanks!
감사합니다!

☺ 윗사람에게 허락을 구할 때는 may를 사용한다.

181

must ☆ 의무·명령

must는 '해야만 한다'라고 배웠을 것이다. 의무나 명령에서 확장되어 '확신', '강한 권유'를 나타낼 수도 있다. 또한, not이 붙으면 '금지'를 의미한다.

You're still here?
아직 여기 있어?

I must submit this paper by the end of the day.

나는 오늘 안에 이 논문을 제출해야 해.

의무 · 명령

확신
분명 ~임에 틀림없다

I heard you just came back from Japan. You must be tired.

일본에서 막 돌아왔다고 들었어. 많이 피곤하겠네.

강한 권유
꼭 ~해라!

You must try this restaurant when you come to Vietnam.

베트남에 오면 이 식당을 꼭 가보세요.

not이 붙은 금지
~ 해서는 안 된다

We must not go there.

우리는 거기에 가면 안 돼.

알알 메모 ✏️

must는 형용사로 사용되기도 한다.

· must-read(필독서)   · must-have(필수품)

182

부정·과거의
must와 have to의 차이점

must를 부정형이나 과거형으로 사용할 때는 주의가 필요하다. 차이를 파악하려면 have to와 함께 외우면 이해하기 쉽다.

조동사편

부정문

must not
~해서는 안 된다 (금지)

We must not go there.
우리는 거기에 가면 안 돼.

do not have to
~할 필요가 없다

We do not have to go there.
우리는 거기에 갈 필요가 없어.

과거형

must have p.p. (과거분사)
~였음에 틀림없다

He must have gone home.
그는 집에 갔음에 틀림없다.

had to (동사원형)
~해야 했다

He had to go home.
그는 집에 가야 했다.

183

조동사의 과거형 이미지

will과 would, can과 could는 흔히 혼용되는 조동사이지만, 현재형과 과거형 사이에는 큰 차이가 있다. 각각의 의미를 이미지로 기억해 두면 혼동을 방지할 수 있다.

현재

과거

과거형은 '현재로부터의 시간적 거리'를 의미한다. 이 거리감이 생기면 조동사의 의미가 덜 직접적이 되고, 부드럽고 완곡한 표현으로 변한다. 예를 들어, can 대신 could를 사용하면 요청이 더 정중해지고, will 대신 would를 사용하면 확신의 정도가 낮아진다.

이 책에서는 과거형을 더 쉽게 이해할 수 있도록 구름 모양의 일러스트와 함께 과거형을 '뭉글뭉글' 흐린 이미지로 표현하고 있다. 이러한 이미지를 머릿속에 두면 조동사를 구분할 때 더 쉽게 활용할 수 있다.

알알 메모

영어의 가정법에서 왜 과거형이 사용되는지 궁금했던 적이 있는가? 그것은 과거형이 명확한 의미를 전달하는 것이 아니라, '모호함'을 나타내기 때문이다.

예문 If I were a bird, I would fly to you.

내가 새였다면 당신 곁으로 날아갔을 텐데.

could 막연한 가능성

could는 can보다 가능성이 더 낮은 경우를 나타내며, 여기에서 의미가 확장되어 '과거의 능력', 'can보다 더 정중한 허가나 요청'에도 사용된다.

조동사편

I'm afraid our team is about to lose.
우리 팀이 질 것 같아 걱정이야.

It **could** be true, but there is a slim hope.
그럴지도 모르지만, 희미한 희망은 있어.

낮은 가능성
그럴지도 모른다

과거의 능력	정중하게 허락을 구함	정중한 부탁
~할 수 있었다	~해도 괜찮을까요?	~해 주시겠어요?

He **could** run fast when he was young.
그는 어렸을 때 빨리 달릴 수 있었다.

Could I borrow your pen?
펜 좀 빌려도 될까요?

Could you give me a hand?
좀 도와주시겠어요?

왈왈 메모 🖊

could는 "I wish I could speak English."(내가 영어를 말할 수 있으면 좋을 텐데.)처럼, 'I wish I could ~'의 형태로 자주 쓰이며, 현실과 다른 바람이나 소망을 표현할 때 사용된다.

May I / Could I / Can I ~?의 차이점

허락을 요청할 때 May I~? / Could I~? / Can I~?는 각각 뉘앙스가 조금씩 다르다. 여기까지 읽었다면 어느 정도 감을 잡을 수 있을 것이다.

윗사람에게 허락을 구할 때는 **may**	정중하게 허락을 구할 때는 **could**	직접적으로 허락을 구할 때는 **can**

May I have your name?
성함을 여쭤봐도 될까요?

Could I borrow your car?
네 차를 빌릴 수 있을까?

Can I borrow your pen?
네 펜을 빌릴 수 있을까?

😊 조금 더 정중하게 표현하고 싶을 때는 문장 끝에 please를 붙이자!

Can I borrow your pen, please?

😊 자신보다 지위가 높은 사람에게 사용한다.

😊 직접적으로 can이라고 말하기 어려운 경우에 사용합니다. 부탁하기 어려운 부탁을 할 때 등 친구나 가족, 동료에게 사용하기도 한다.

😊 친구나 가족, 동료에게 부담 없이 부탁할 때 사용합니다. 점원에게 사용하는 경우도 많다.

알알 메모 🖊

이러한 차이점을 기억해 두면 필요 이상으로 **may**를 사용하거나, 반대로 정중함이 필요한 상황에서 **can**을 말하는 실수를 줄일 수 있다.

'~할 수 있었다'로 해석하는 **could**와 **was/were able to**의 차이점

'~할 수 있었다'를 표현할 때 could를 사용할 수 없는 경우가 있다. could와 마찬가지로 '~할 수 있었다'로 번역되는 was/were able to와의 차이점을 알아두자.

조동사편

could

1 과거의 능력을 나타낼 때
"~할 수 있었다"

> I could play tennis well when I was young.
> 나는 어렸을 때 테니스를 잘 쳤어.

> He could run fast when he was young.
> 그는 어렸을 때 빨리 달릴 수 있었다.

2 감각·정신과 관련된 동사
(hear, understand 등)
와 함께 쓴다

> I could hear a faint noise.
> 나는 희미한 소리가 들렸어.

was/were able to

한 번의 특정 상황에서 실제로 한 일
"~할 수 있었다"

> I was able to go there yesterday.
> 나는 어제 그곳에 갈 수 있었어.

> I was able to sleep well yesterday.
> 나는 어제 잘 잘 수 있었어.

부정문은 어느 쪽을 사용해도 좋다!

> I could not go there.
> I was not able to go there. } 나는 그곳에 갈 수 없었어.

알알 메모

만약 I could get some sleep on the plane.이라고 말하면, 상황에 따라 "나는 비행기에서 잘 수 있었다."는 의미로도, 또는 "비행기에서 잘 수 있을 텐데."라는 바람이나 가정의 의미로도 해석될 수 있다. 이러한 혼동을 피하기 위해 과거에 실제로 한 번만 가능했던 상황을 말할 때는 was/were able to를 사용하는 것이 더 정확하다.

would ☙ 막연한 추측

would는 will보다 더 모호하고 부드러운 의지를 나타내며, 확신이 덜한 추측에서 출발해 '과거의 습관', '공손한 부탁', '소망'의 의미로도 확장되어 사용된다.

I talked to a salesperson who has a mustache yesterday.
나는 어제 콧수염이 있는 판매원과 이야기를 나눴어.

That would be Sam.
그 사람이 샘일 거야.

막연한 추측
~일 것이다

과거의 습관	정중한 요청	소망
예전에 자주 ~하곤 했다	~해 주시겠어요?	~하고 싶다(would like to)
Every time my grandma visited, she **would** read a story to us.	We are fully booked today. **Would** you be able to come in tomorrow?	I'm so tired today. I **would** like to get a massage.
할머니가 방문할 때마다 우리에게 이야기를 읽어 주셨어.	오늘은 예약이 꽉 찼습니다. 내일 오실 수 있으신가요?	오늘 너무 피곤해. 마사지를 받고 싶어.

과거의 습관을 나타내는
would와 used to의 차이점

자주 혼용되는 '과거의 습관'을 나타내는 would와 used to는 각각의 이미지를 기억해 두면 쉽게 구분할 수 있다.

조동사 편

would
예전에 자주 ~하곤 했다

When I was young, I would often play baseball.
어렸을 때 나는 자주 야구를 하곤 했어.

😊 과거의 상태를 나타낼 때는 would를 사용할 수 없다. 예: 나는 기술자였다.

✕ I would be an engineer.
◎ I used to be an engineer.

used to
예전에는 ~이었고, ~하곤 했다

과거

현재

I used to be an engineer, but now I am an accountant.
나는 예전에 엔지니어였지만, 지금은 회계사이다.

😊 지금과는 다른 과거와 현재의 대비에 사용할 수 있다.

알알 메모 🖉

174페이지를 복습하면서 be used to와 get used to의 의미를 다시 확인해 보자. 아울러 used to와의 차이도 구분해 두면 이해에 더욱 도움이 된다.

should 가리키다

should는 '~해야 한다'로 외워 온 사람도 많지만, 본래는 행동을 '가리키다(=추천하다)' 의미에서 출발하며, 여기서 '추측', '가능성이 낮은 가정', '의외나 놀람'의 의미로도 확장됩니다.

It's getting cloudy.
날씨가 흐려지고 있어.

We should bring an umbrella just in case.
혹시 모르니까 우산을 가져가는 게 좋겠어.

~하는 것이 좋다 = 추천

추측 ~일 것이다	가능성이 낮은 가정 만약 ~라면	놀라움이나 의외의 반응 ~ 하다니

Excuse me, but he hasn't arrived yet.
실례지만, 그는 아직 도착하지 않았어요.

Should you have any questions, please feel free to contact us.
질문이 있으시면 언제든지 저희에게 연락해 주세요.

She said she would quit.
그녀는 그만두겠다고 말했어.

He left the office half an hour ago, so he should be there very shortly.
그는 30분 전에 사무실을 떠났으니 곧 도착할 거야.

I was surprised that she should say such a thing.
그녀가 그런 말을 하다니 놀랐어.

should와
be supposed to의 차이점

should, should be, supposed to, to do의 해석을 헷갈려 하는 사람이 많을 것이다. 여기서 should와 be supposed to의 차이를 정리해 보자.

조동사편

should
~해야 한다

be supposed to
~하기로 되어 있다, ~할 예정이다

You should study more.
너는 더 공부해야 해.

I am supposed to go shopping with my friends tomorrow, but I have to study English.
내일 친구들이랑 쇼핑 가기로 했는데, 영어 공부를 해야 해.

😊 과거형

You should have studied more.
너는 더 공부했어야 했어.

😊 과거형

I was supposed to go shopping with my friends yesterday.
어제 친구들이랑 쇼핑 가기로 했었어.

알알 메모 ✏️

be supposed to는 이런 경우에도 사용할 수 있다.

· You are not supposed to smoke at school.

학교에서 담배를 피우면 안 돼.

· Vitamin C is supposed to cure the common cold.

비타민 C는 일반 감기를 치료하는 것으로 알려져 있다.

영어회화를 학습할 때는 영어로 혼잣말하는 것을 추천합니다

이 책을 들고 계신 독자분들 중에는 영어 시험 공부뿐만 아니라 영어회화 실력을 향상시키고 싶어 하는 분들도 많을 것입니다. 간단하면서도 효과적인 영어회화 연습 방법 중 하나는 영어로 혼잣말하기입니다. 시간과 장소에 구애받지 않고 자신의 페이스에 맞춰 아웃풋 연습을 할 수 있다는 장점이 있습니다. 예를 들어, 아래처럼 오늘 하루 있었던 일이나 현재 느끼는 감정을 영어로 말해보세요. 쉬운 영어부터 시작하는 것이 중요합니다.

간단한 개인별 예시

❶ I woke up at 8 a.m.
나는 오전 8시에 일어났다.

❷ I went to the office.
나는 사무실에 갔다.

❸ I had a lot of paperwork today.
나는 오늘 서류 작업이 많았다.

❹ I'm tired.
나 피곤해.

❺ I will go shopping this weekend.
이번 주말에 쇼핑하러 갈 거야.

처음에는 사전 없이 소리 내어 말해보고, 생각나지 않는 단어는 나중에 찾아보세요. 이를 꾸준히 반복하다 보면 일상적인 영어 대화를 자연스럽게 할 수 있게 됩니다. 익숙해지면 점차 더 긴 문장으로 연습해보세요. 이 외에도 눈앞의 풍경을 영어로 표현하기, 혼자서 자기소개하기 같은 연습도 추천합니다.

5장

어휘편

한 번에 외우면 유용한 영단어와
영어회화 표현을 모아 놓았습니다.
1장부터 4장까지 배운 이미지들이
여기에서도 많이 도움이 될 것입니다.
내일부터 적극적으로 활용해 봅시다.

주제별 영단어 그림

그림과 함께 정리된 형태로 기억해 두면 영단어를 한꺼번에 외울 수 있다. 같은 주제의 영단어를 세 트로 외우면 더욱 효과적이다.

● 복수형이 되면 의미가 달라지는 단어

 arm 팔   팔이 모이면…   →   **arms** 무기

 force 힘   힘이 모이면…   →   **forces** 군대

 work 일   일이 모이면…   →   **works** 작품

 good 좋다   좋은 것이 모이면…   →   **goods** 상품

 interest 관심   관심이 모이면…   →   **interests** 이익

 manner 방법   방법이 모이면…   →   **manners** 태도

 time 시간   시간이 모이면…   →   **times** 시대

왈왈 메모
관심이 모이면 이익이 된다는 생각이 흥미롭다.

● 사용 가능한 감정 표현

I am...	I am...	I am...
moved 감동받았다	bored 지루하다	excited 기대가 된다
I am...	I am...	I am...
scared 무섭다	pleased 기쁘다	irritated 짜증이 난다
I am...	I am...	I am...
touched 감동했다	confused 혼란스럽다	satisfied 만족스럽다
I am...	I am...	I am...
depressed 우울하다	surprised 깜짝 놀랐다	disappointed 실망스럽다
I am...	I am...	
impressed 감명받았다	embarrassed 부끄럽다	

알알 메모

감정이 일어나는 원인은 외부에서 오는 것이기 때문에 수동태가 된다.

literally	actually	basically	honestly
말 그대로	실제로, 사실은	기본적으로	정직하게 말하면
seriously	hopefully	apparently	unfortunately
진지하게	바라건대	겉보기에는	안타깝게도

● 과일을 이용한 표현

cherry-pick	go bananas	in a nutshell	bad apple
자기에게 유리한 것만 골라 취하다	미치다, 열광하다	간단히 말하면	문제 있는 사람
cool as a cucumber	apples and oranges	a second bite at the cherry	apple polisher
매우 침착한	(비교할 수 없는) 전혀 다른 두 가지	두 번째 기회	아첨하는 사람

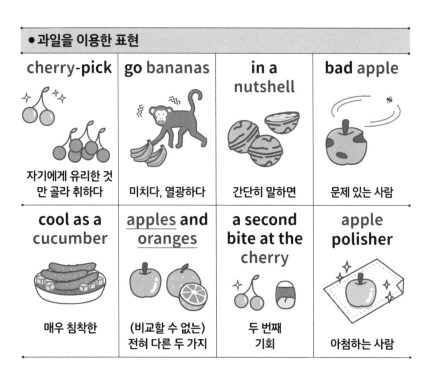

196

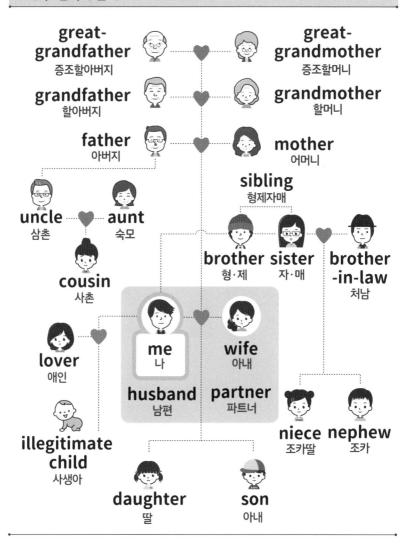

great-grandfather
증조할아버지

great-grandmother
증조할머니

grandfather
할아버지

grandmother
할머니

father
아버지

mother
어머니

sibling
형제자매

uncle
삼촌

aunt
숙모

brother
형·제

sister
자·매

brother-in-law
처남

cousin
사촌

me
나

wife
아내

brother-in-law
처남

lover
애인

husband
남편

partner
파트너

niece
조카딸

nephew
조카

illegitimate child
사생아

daughter
딸

son
아내

어휘편

알알 메모 / **기타 교과서에 실리지 않은 가족 표현**

· stepbrother/sister 재혼한 배우자의 의붓자식, 의붓 형제/자매
· half brother/sister 이복형제/이모(아버지) 형제/자매
· adopted child 입양아

자주 사용되는 영단어 그림

쉬운 단어일수록 활용도가 높고 다양한 표현에 응용할 수 있다. 여기에서는 기억해 두면 유용한 자주 쓰이는 단어와 몇 가지 표현을 그림으로 설명한다.

● word(단어)

in a word	in other word	word by word
	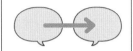	
한마디로 말하면	즉, 다시 말해	단어 하나씩

word of mouth	keep one's word	break one's word
	약속을 지키다 You have my word. 내가 약속할게.	
입소문		약속을 어기다

● hand(손)

first-hand 직접적인	on the other hand	handout 자료·샘플
 second-hand 중고의		hand out 나누어 주다
	반면에, 다른 한편으로는	

hand over	hand in	Could you give me a hand?

~을 건네주다	~을 제출하다	나 좀 도와줄 수 있어?

● room(공간)

have **room** for dessert

디저트를 먹을 여유가 있다

room for discussion

논쟁의 여지

room for doubt

의심의 여지가 있는

room for milk

우유를 넣을 여유 공간

room for improvement
개선의 여지

room for growth
성장의 여력

make **room** for

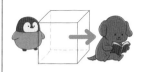

~를 위해
공간을 확보하다

● time(시간)

waste **time**

시간을 낭비하다

have **time** to

~ 할 시간이 있다

spend **time** doing

~하는 데 시간을 보내다

have a hard **time**

~하는 데 어려움을 겪다

free **time**
자유시간

spare **time**
남는 시간

Take **your time.**

천천히 해도 괜찮아.

• story(이야기)

make a long story short	It's a long story.	a likely story
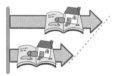		
간단히 말하자면	한마디로 설명하긴 어려워.	있을 법한 이야기, 있을 수 없는 이야기

same old story	whole story 전체 이야기	make up a story
	 another story 다른 이야기	
늘 똑같은 이야기		이야기를 지어내다

• picture(사진·그림)

put ~ in the picture	in the picture	out of the picture

~에 상황을 설명하다	상황에 관련된	상황과 관련 없는

get the picture	see the whole picture 전체 상황을 이해하다	One picture is worth a thousand words.
	 see the picture 상황을 이해하다	
상황을 이해하다		한 장의 그림이 천 마디 말보다 낫다.

• way(길)

on the way
진행 중이야

I'm on my way.
나 지금 가는 중이야.

the other way around
반대로, 거꾸로

in the way
방해가 되는

by the way
그런데

No way.
말도 안 돼.

Way to go!
잘했어!

알알 메모

영어회화를 공부할 때 새로운 영단어를 암기하는 것이 생각처럼 쉽지 않을 수 있다.

영어회화를 공부할 때 효과적인 세 가지 암기 요령이 있다.

① 자주 보이는 환경 만들기

　방 곳곳에 영단어를 메모한 스티커를 붙이거나, 영단어 책을 가지고 다니는 등 단순히 눈에 띄는 횟수를 늘리는 것이 효과적이다.

② 정리하고 연관 지어 기억하기

　영단어를 외울 때는 그림과 함께 정리해서 외우는 것이 좋다. 노트에 정리하면서 각각을 연관 지어 기억하면 더욱 효과적이다.

③ 이미지와 연결하여 익히기

　이미 알고 있는 이미지와 새로 배우는 영단어를 연결해 보자. 영어 단어장에 직접 낙서를 하거나, 구글에서 영단어를 사진으로 검색하는 방법도 도움이 된다.

어휘편

필수 영어회화 표현

학교에서는 잘 배우지 않지만, 일상에서 자주 사용하는 회화 문장을 모았다. 여러 번 소리 내어 읽으며, 실제 상황에서 자연스럽게 말할 수 있도록 연습해 보자.

● 가장 자주 쓰는 표현

I mean it.
진심이야.

After you.
먼저 가세요.

Are you sure?
확실해?

Does it work for you?
그렇게 해도 되겠어?

I feel you.
네 마음 이해해.

It depends.
상황에 따라 달라.

Not really.
그렇지 않아요.

Does it make sense?
말이 되니?

☺ no는 강한 부정이다.

☺ Do you understand?는 직접적이다.

● 유용한 반응 표현

Sounds good.
좋아. / 괜찮아 보여.

You are right.
네 말이 맞아.

I agree with you.
네 말에 동의해.

I didn't know that.
그건 몰랐어.

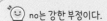

That's good to hear.
그 말 들으니 좋네.

Really?
정말이야?

No way.
말도 안 돼.

Seriously?
정말?

● 동의할 때 쓰는 반응 표현

I guess so.
아마 그럴 거야.

 약한 동의이다.

You are right.
네 말이 맞아.

Absolutely.
물론이지.

I feel the same way.
나도 그렇게 느껴.

I couldn't agree more.
전적으로 동의해.

● 동의하지 않을 때 쓰는 반응 표현

No way.
말도 안 돼.

That depends.
상황에 따라 다를 수 있어.

That's not always true.
항상 그런 건 아니야.

I don't think so.
나는 그렇게 생각하지 않아.

I'm not so sure about that.
그 점에 대해서는 확신이 없어.

● 상황에 맞게 다시 물을 때 쓰는 표현

I am not sure I follow you.
무슨 말인지 잘 모르겠어.

Are you saying that?
네 말은 그런 뜻이야?

Could you give me an example?
예를 하나 들어줄 수 있어?

Could you tell me more about~?
~에 대해 좀 더 자세히 말해줄 수 있어?

Could you say that again more slowly, please?
다시 한 번 천천히 말씀해 주시겠어요?

How is A?
A는 어때?

How was A?
A는 어땠어?

What is A like?
A는 어떤 사람이야?

Do you know A?
A에 대해 알고 있어?

Did you hear about A?
A에 대해 들었어?

What do you think of A?
A에 대해 어떻게 생각해?

● 일상 회화에서 자주 묻는 질문 표현

How was your day?
오늘 하루 어땠어?

How was your weekend?
주말은 어땠어?

How is business going?
사업은 어떻게 되고 있어?

What are you going to do tomorrow?
내일 뭐 할 거야?

Do you have any plans for the weekend?
주말에 무슨 계획 있어?

알알 메모

"오늘 하루 어땠어?", "주말은 어땠어?" 같은 질문은 영어에서 기본적인 표현이며, 대화를 확
장하는 계기가 된다. 이제 막 영어를 배우기 시작한 사람들은 이런 기본적인 질문에 대한 답
변을 미리 준비해 두면 당황하지 않을 수 있다.
또한, 답변한 후 How about you?(당신은 어때요?)라고 되묻는 것도
잊지 말아야 한다. 이러한 질문법도 함께 기억해 두자.

● 자신의 의견을 말할 때 쓰는 표현

I guess
~인 것 같아

I think
~라고 생각해

I believe
~라고 믿어

I'm not sure but
확실하지는 않지만 ~

I would say
굳이 말하자면 ~

 It seems to me ~
내게는 ~처럼 보인다

In my opinion,
내 생각에는

왈왈 메모 🖊

이러한 영어 표현을 사용하면 발언의 확신도를 조절하거나
뉘앙스를 더할 수 있다.

어휘편

● 진지한 상황에서도 쓸 수 있는 연애 표현

 Are you cheating?
바람을 피우는 거야?

I can explain.
(오해야.) 설명할게.

I need my space.
혼자만의 시간이 필요해.

I loved you.
너를 사랑했었어.

 It's over.
이제 다 끝이야.

We broke up!
우리 헤어졌어!

°C(섭씨)와 °F(화씨) 변환

미국 등에서는 온도 단위로 °F(화씨)를 사용하고 있다. 가끔 '대략 어느 정도의 온도일까?'라는 궁금증이 들 때가 있다. 우리나라에서 사용하는 °C(섭씨)로 대략적으로 변환할 수 있는 계산식을 소개한다. 정확한 온도 는 ( ) 안에 표기되어 있다.

°F(화씨) → °C(섭씨)

◎ 30을 빼고 2로 나눈다

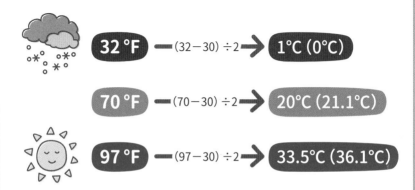

32 °F ── (32−30)÷2 → 1°C (0°C)

70 °F ── (70−30)÷2 → 20°C (21.1°C)

97 °F ── (97−30)÷2 → 33.5°C (36.1°C)

°C(섭씨) → °F(화씨)

◎ 2를 곱하고 30을 더한다

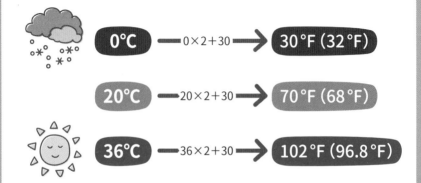

0°C ── 0×2+30 → 30 °F (32 °F)

20°C ── 20×2+30 → 70 °F (68 °F)

36°C ── 36×2+30 → 102 °F (96.8 °F)

Y